职业教育财经类专业教学用书

会计信息化综合实训

主　编　李　博　刘礼菊

副主编　梁锦芳

電子工業出版社
Publishing House of Electronics Industry
北京·BEIJING

内 容 简 介

本教材突出内容的实践性与实用性，分为手工单项目实训、手工综合项目实训、会计基础信息化综合实训及会计档案的装订四个模块，账套数据来源于真实企业，使学生通过手工实训掌握理论知识，通过信息化实训掌握会计工作的操作技能。同一套账可以进行交叉核对，使学生在真实的情景下进行实训，有效缩短其就业的适应期。

本教材可作为中等职业学校会计事务专业实训用书，也可作为会计技能考试、技能竞赛培训用书，还可作为财务及相关业务人员的自学用书。

图书在版编目（CIP）数据

会计信息化综合实训 / 李博，刘礼菊主编. —北京：电子工业出版社，2023.7
ISBN 978-7-121-45906-1

Ⅰ. ①会… Ⅱ. ①李… ②刘… Ⅲ. ①会计信息－财务管理系统－教材 Ⅳ. ①F232

中国国家版本馆 CIP 数据核字（2023）第 123946 号

责任编辑：徐 玲 文字编辑：张 彬
印 刷：中煤（北京）印务有限公司
装 订：中煤（北京）印务有限公司
出版发行：电子工业出版社
北京市海淀区万寿路 173 信箱 邮编 100036
开 本：880×1 230 1/16 印张：16.5 字数：380 千字
版 次：2023 年 7 月第 1 版
印 次：2023 年 7 月第 1 次印刷
定 价：58.00 元

凡所购买电子工业出版社图书有缺损问题，请向购买书店调换。若书店售缺，请与本社发行部联系，联系及邮购电话：（010）88254888，88258888。

质量投诉请发邮件至 zlts@phei.com.cn，盗版侵权举报请发邮件至 dbqq@phei.com.cn。

本书咨询联系方式：xuling@phei.com.cn。

前　言

为顺应职业教育的发展潮流，推动“三教”改革之教材改革，满足中职学校会计事务及相关专业的实训要求，我们编写了本教材。

本教材以财政部新修订的《小企业会计准则》(2022 年版)、《会计基础工作规范》、《企业会计信息化工作规范》和现行税法政策相关规定为编写依据，以小企业为原型，运用“真账实操”的方法，提供该企业的日常经济业务资料，完成一整套会计核算过程。注：相关单位及个人信息为虚构；图表中部分成本、金额等省略单位“元”。

党的二十大报告提出：“教育是国之大计、党之大计。”随着信息化技术的发展，大数据、人工智能等已经在会计专业学习中运用，在会计实训中融合信息化元素已成必然。目前，既适合中职学生学习理论知识又能在同一套账中同时进行手工实训和信息化实训的教材较少。基于此，本教材打破了同一套账手工实训、信息化实训不能同步的壁垒，使学生能在掌握会计手工实训的同时进行会计信息化实操，符合当下财务智能化的特色。

本教材突出内容的实践性与实用性，分为手工单项目实训、手工综合项目实训、会计基础信息化综合实训及会计档案的装订四个模块，采用活页式教材编写方式，体现“教、学、做”理实一体化的教学理念。

本教材运用软件对实训内容进行操作，凸显了会计实训的信息化特点，为学生快速适应会计信息化工作奠定基础。实训内容在设计上由浅入深，涉及筹资、投资业务，供、产、销业务，成本费用计算业务，税费计算业务等会计处理方法和程序。信息化实训按照经济业务发生的时间顺序在不同模块分别进行处理，贴近企业实际，有助于提高学生的综合分析、判断能力，提升学生的综合素质。同时，本教材引入实际财务工作中会计档案的装订方法，既能突出会计基本知识的综合实训和理实一体化的教学理念，又能激发学生的学习兴趣，提高其动手操作能力。

本教材由佛山市顺德区教育发展中心李博、佛山市顺德区陈登职业技术学校刘礼菊担任主编，并共同设计架构和统稿；江门市第一职业高级中学梁锦芳担任副主编；广西物资学校张秋霞，佛山市顺德区陈登职业技术学校龚淑芳、彭欢、全仙云参与了编写。

为了方便教师教学，本教材还配有实训所用的实训案例账套操作步骤、实训结果账套备份和手工实训习题答案（电子版），以及各类电子账簿答案等教学资源，请有此需要的教师登录华信教育资源网下载。

在本教材编写过程中，得到了财经类学校一线教师的建议和企业会计岗位人员的大力支持，在此深表感谢。由于我国会计准则、税法等内容不断更新，会计信息化发展迅猛，加上编者水平有限，难免有错漏之处，敬请大家批评指正，提出宝贵意见。

编 者

目　录

模块 1　手工单项目实训

模块 2 手工综合项目实训

模块 3 会计基础信息化综合实训

模块 4 会计档案的装订

模块 1　手工单项目实训

会计基础单项模拟实训企业基本情况如图表 1.1 所示。

图表 1.1

单项模拟实训企业基本情况

项目	会计主体 1	会计主体 2	客户
企业名称	佛山市宏达皮革厂	佛山市腾飞皮具有限公司	佛山市兴华百货商场
企业类型	制造业	制造业	商业
单位主管	肖庆军	李天华	陈全
会计主管	刘志文	胡为民	张五
会计、出纳	王艳、陈永珍	肖林、张峰	刘华、王成才
复核、记账	张辉、李伟华	陈述汉、叶小青	高明、肖群
开户银行及账号	中国工商银行佛山市乐从支行	中国建设银行佛山市澜石支行	中国交通银行佛山市祖庙支行
	4123456789127894112	4052254071233424 2345	4012020033112221 36789
纳税人识别号	91244010456789012G	91240120114264561J	91420201201186443K
地址、电话	佛山市乐从镇荔南路 12 号 0757-29871245	佛山市南海区湘江东路 67 号 0757-24589028	佛山市禅城区祖庙路 23 号 0757-22459075

项目 1

原始凭证的填写

任务　填制原始凭证

任务描述

2022 年 5 月 8 日，佛山市宏达皮革厂（以下正文中简称“宏达皮革厂”）向佛山市腾飞皮具有限公司销售时尚女包（编号 A83，规格 75E）800 件，单价为 48 元，金额为 38 400 元，增值税税率为 13%，增值税税额为 4 992 元，价税合计为 43 392 元。商品已发出，货款采用转账支票结算。

要求：

（1）宏达皮革厂填写销售商品的“增值税专用发票”，如图表 1.2 所示。

（2）宏达皮革厂填写收到支票后到银行进账的“进账单”，如图表 1.3 所示。

（3）收到图表 1.4 所示的支票正联，宏达皮革厂填写“商品出库单”，如图表 1.5 所示。

图表 1.2

4400223130　　**广东增值税专用发票**

此联不作报销、扣税凭证使用　　No 03356741

开票日期：　　年　月　日

购买方	名　　称： 纳税人识别号： 地 址、电 话： 开户行及账号：					密码区	（略）	
货物或应税劳务、服务名称	规格型号	单位	数　量	单　价	金　额	税率	税　额	
合　　计								
价税合计（大写）	（小写）							
销售方	名　　称： 纳税人识别号： 地 址、电 话： 开户行及账号：					备注		

收款人：　　复核：　　开票人：　　销售方：（章）

第一联：记账联　销售方记账凭证

图表 1.3

中国工商银行　进账单（回单）　1

年　月　日　　XV 16279771

付款人	全称		收款人	全称	
	账号			账号	
	开户银行			开户银行	

		亿	千	百	十	万	千	百	十	元	角	分
金额	人民币（大写）											

票据种类		票据张数		开户银行盖章
票据号码				
复核　记账				

此联是开户银行交给持（出）票人的回单

图表 1.4

中国工商银行　转账支票（粤）　EC 02 05766629

本支票付款期限十天

出票日期（大写）　贰零贰贰年伍月零捌日　　付款行名称：建行佛山市澜石支行

收款人：佛山市宏达皮革厂　　出票人账号：40522540712334242345

人民币（大写）	亿	千	百	十	万	千	百	十	元	角	分
肆万叁仟叁佰玖拾贰元整				¥	4	3	3	9	2	0	0

用途　货款

上列款项请从

我账户内支付

出票人签章　　佛山市腾飞皮具有限公司财务专用章　　腾飞印章　　复核　　记账

图表 1.5

商品出库单

购货单位：　　　年　月　日　　　No 101

商品规格型号	商品名称	单位	出库数量	单位成本	总成本	备注
合计						

主管：肖庆军　　保管员：张辉　　提货人：张民　　制单：王艳　　会计：王艳

（4）如果宏达皮革厂属于增值税小规模纳税人，则销售商品只能开具增值税普通发票。2022 年 5 月 10 日，宏达皮革厂向佛山市腾飞皮具有限公司销售时尚女包（编号 A83，规格 75E）800 件，单价为 56.16 元，金额为 44 928 元，填写宏达皮革厂销售商品的“增值税普通发票”，如图表 1.6 所示。

图表 1.6

4400223330　　**广东增值税普通发票**

发　票　联

No 03256756

开票日期：　　年　月　日

<table>
<tr><td rowspan="4">购买方</td><td colspan="4">名　　称：</td><td rowspan="4">密码区</td><td colspan="3" rowspan="4">（略）</td></tr>
<tr><td colspan="4">纳税人识别号：</td></tr>
<tr><td colspan="4">地 址、电 话：</td></tr>
<tr><td colspan="4">开户行及账号：</td></tr>
<tr><td colspan="2">货物或应税劳务、服务名称</td><td>规格型号</td><td>单位</td><td>数　量</td><td>单　价</td><td>金　额</td><td>税率</td><td>税　额</td></tr>
<tr><td colspan="2">合　　计</td><td></td><td></td><td></td><td></td><td></td><td></td><td></td></tr>
<tr><td colspan="2">价税合计（大写）</td><td colspan="7">（小写）</td></tr>
<tr><td rowspan="4">销售方</td><td colspan="4">名　　称：</td><td rowspan="4">备注</td><td colspan="3" rowspan="4"></td></tr>
<tr><td colspan="4">纳税人识别号：</td></tr>
<tr><td colspan="4">地 址、电 话：</td></tr>
<tr><td colspan="4">开户行及账号：</td></tr>
</table>

收款人：　　　复核：　　　开票人：　　　销售方：（章）

第三联：发票联　购买方记账凭证

（5）2022 年 5 月 13 日，宏达皮革厂出纳陈永珍（身份证号：440606198105212224；签发机关：佛山市顺德区乐从镇派出所）从开户银行提取现金 5 800 元备用，填写现金支票，如图表 1.7 和图表 1.8 所示。

图表 1.7

现金支票正面

中国工商银行
现金支票存根（粤）

EC 02 05686630

附加信息

出票日期　　年　月　日

收款人：	
金　额：	
用　途：	

单位主管　　会计

本支票付款期限十天

中国工商银行　现金支票（粤）　　EC 02 05686630

出票日期（大写）　　年　月　日　　付款行名称：工行佛山市乐从支行

收款人：　　　　　　　　　　出票人账号：4123456789127894112

人民币（大写）	亿	千	百	十	万	千	百	十	元	角	分

用途＿＿＿＿＿

上列款项请从

我账户内支付

出票人签章　　　　　　　　复核　　记账

图表 1.8

现金支票背面

附加信息：	被背书人	被背书人	粘贴单处
	背书人签章 年　月　日	背书人签章 年　月　日	根据《中华人民共和国票据法》等法律法规的规定，签发空头支票由中国人民银行处以票面金额 5%但不低于 1 000 元的罚款。

（6）2022 年 5 月 15 日，宏达皮革厂将销货款 2 418 元现金存入银行，填写现金缴款单，如图表 1.9 所示。

图表 1.9

中国工商银行　现金缴款单（回单）

账别：　　　　　　　　年　月　日　　　　　　　　No 3011

缴款单位		收款单位			
款项来源		账号		开户银行	

大写金额	（币种）	百	十	亿	千	百	十	万	千	百	十	元	角	分

券别	百元	伍拾	贰拾	壹拾	伍元	壹元					合计金额	（收款银行盖章）
整把券												
零张券												

第一联银行盖章后退交款人

复核　　　　　　　　经办

项目 2

记账凭证的填写

任务 1　填写通用记账凭证

任务描述

1. 2022 年 5 月 23 日，宏达皮革厂向广州嘉彭工厂购买 PU 超纤维，买价为 15 000 元，增值税税额为 1 950 元，全部款项 16 950 元尚未支付，材料验收入库。

要求：填写通用记账凭证（原始凭证略，下同），如图表 1.10 所示。

图表 1.10

记　账　凭　证

年　月　日　　　　　　字第　号

摘　要	总账科目	明细科目	借方金额											贷方金额											记账√
			亿	千	百	十	万	千	百	十	元	角	分	亿	千	百	十	万	千	百	十	元	角	分	
附件　张	合　计																								

会计主管：　　记账：　　出纳：　　审核：　　制单：

2. 2022 年 5 月 23 日，广州嘉彭工厂销售给宏达皮革厂 AK 规格皮革一批，售价为 17 800 元，增值税税额为 2 314 元，全部款项 20 114 元尚未收到，已办理委托手续。

要求：填写通用记账凭证，如图表 1.11 所示。

图表 1.11

记　账　凭　证

年　月　日　　　　字第　号

摘　要	总账科目	明细科目	借方金额											贷方金额											记账√
			亿	千	百	十	万	千	百	十	元	角	分	亿	千	百	十	万	千	百	十	元	角	分	
附件　张	合　计																								

会计主管：　　记账：　　出纳：　　审核：　　制单：

任务 2　填写收款凭证

任务描述

1. 2022 年 5 月 25 日，宏达皮革厂收到应收的兴华百货商场货款 157 860 元，存入银行。

要求：填写收款凭证，如图表 1.12 所示。

2. 2022 年 5 月 26 日，宏达皮革厂从银行借入短期借款 50 000 元，存入银行。

要求：填写收款凭证，如图表 1.13 所示。

图表 1.12

收　款　凭　证

借方科目：　　　　　　　　　　　　年　月　日　　　　　　　　　　　　字第　号

摘　要	贷方科目		金　额										记账√
	总账科目	明细科目	千	百	十	万	千	百	十	元	角	分	
附件　张	合　计												

会计主管：　　　记账：　　　出纳：　　　审核：　　　制单：

图表 1.13

收　款　凭　证

借方科目：　　　　　　　　　　　　年　月　日　　　　　　　　　　　　字第　号

摘　要	贷方科目		金　额										记账√
	总账科目	明细科目	千	百	十	万	千	百	十	元	角	分	
附件　张	合　计												

会计主管：　　　记账：　　　出纳：　　　审核：　　　制单：

任务 3　填写付款凭证

任务描述

1．2022 年 5 月 28 日，宏达皮革厂购买五金套件原材料，买价为 52 600 元，增值税税额为 6 838 元，材料已入库，款项 59 438 元以银行存款支付。

要求：填写付款凭证，如图表 1.14 所示。

图表 1.14

付　款　凭　证

贷方科目：　　　　　　　　　　　　　年　　月　　日　　　　　　　　　　　　　字第　　号

摘　要	借方科目		金　额										记账√
	总账科目	明细科目	千	百	十	万	千	百	十	元	角	分	
附件　　张	合　　计												

会计主管：　　　　　　记账：　　　　　　出纳：　　　　　　审核：　　　　　　制单：

2．2022 年 5 月 29 日，宏达皮革厂从银行存款中提取现金 2 985 元备用。

要求：填写付款凭证，如图表 1.15 所示。

图表 1.15

付　款　凭　证

贷方科目：　　　　　　　　　　　　　年　　月　　日　　　　　　　　　　　　　字第　　号

摘　要	借方科目		金　额										记账√
	总账科目	明细科目	千	百	十	万	千	百	十	元	角	分	
附件　　张	合　　计												

会计主管：　　　　　　记账：　　　　　　出纳：　　　　　　审核：　　　　　　制单：

任务 4　填写转账凭证

任务描述

1．2022 年 5 月 30 日，宏达皮革厂生产女士背包领用 PU 超纤维（价值 34 900 元），领用五金件（价值 29 700 元）。

要求：填写转账凭证，如图表 1.16 所示。

图表 1.16

转 账 凭 证

年　月　日　　　　　　　　字第　号

摘　要	总账科目	明细科目	借方金额											贷方金额											记账√
			亿	千	百	十	万	千	百	十	元	角	分	亿	千	百	十	万	千	百	十	元	角	分	
附件　张	合　计																								

会计主管：　　记账：　　出纳：　　审核：　　制单：

2．2022 年 5 月 30 日，宏达皮革厂上个月付款采购的 1 000 米里布验收入库，按实际成本 15 300 元入账（原记入“在途物资”账户）。

要求：填写转账凭证，如图表 1.17 所示。

图表 1.17

转 账 凭 证

年　月　日　　　　　　　　字第　号

摘　要	总账科目	明细科目	借方金额											贷方金额											记账√
			亿	千	百	十	万	千	百	十	元	角	分	亿	千	百	十	万	千	百	十	元	角	分	
附件　张	合　计																								

会计主管：　　记账：　　出纳：　　审核：　　制单：

项目3

日记账、明细账的登记

任务1　登记库存现金日记账

任务描述

完成宏达皮革厂下列库存现金日记账（根据“摘要”栏的提示登账，并结账），如图表1.18所示。

图表1.18

库存现金日记账

第　页

2022年		凭证		摘要	对方科目	借方											贷方											借或贷	余额											核对
月	日	种类	号数			亿	千	百	十	万	千	百	十	元	角	分	亿	千	百	十	万	千	百	十	元	角	分		亿	千	百	十	万	千	百	十	元	角	分	
1	1			上年结转																								借						1	9	8	0	0	0	
	3		3	销售产品收到现金920元																																				
	5		7	以现金预借差旅费1 000元																																				
	10		12	从银行提取现金2 800元																																				
	15		18	以现金支付销售费用915元																																				
	20		23	以现金支付前欠货款950元																																				
	25		28	以现金购买办公用品190元																																				

任务 2　登记银行存款日记账

任务描述

2022 年 1 月 1 日，宏达皮革厂银行存款日记账余额为 56 320 元，1 月上旬发生下列银行存款收付业务。

（1）2 日，从银行借入短期借款 95 000 元，存入银行。

（2）3 日，以银行存款 62 870 元偿还应付账款。

（3）4 日，从银行提取现金 4 800 元备用。

（4）6 日，以银行存款 49 460 元购买固定资产。

（5）8 日，销售产品一批，售价为 51 900 元，增值税税额为 6 747 元，款项存入银行。

（6）9 日，购买材料一批，进价为 31 700 元，增值税税额为 4 121 元，款项以银行存款支付。

（7）10 日，以银行存款支付产品销售费用 2 810 元。

要求：根据上述资料登记银行存款日记账，如图表 1.19 所示。

图表 1.19

银行存款日记账

第　页

年		凭证		摘要	对方科目	借方											贷方											借或贷	余额											核对
月	日	种类	号数			亿	千	百	十	万	千	百	十	元	角	分	亿	千	百	十	万	千	百	十	元	角	分		亿	千	百	十	万	千	百	十	元	角	分	

任务 3 登记库存商品明细账

任务描述

2022 年 4 月，宏达皮革厂购进、销售和结存五金小件的数据资料如图表 1.20 所示。

图表 1.20

五金小件进、销、存数据资料

日　　期	业 务 内 容	数量（件）	单位成本（元/件）	金额（元）
4 月 01 日	月初结存	700	8.00	5 600.00
4 月 10 日	购进	1 200	8.00	9 600.00
4 月 15 日	销售成本	910	8.00	7 280.00
4 月 20 日	购进	1 580	8.00	12 640.00
4 月 28 日	销售成本	1 420	8.00	11 360.00

要求：按个别计价法计价，登记库存商品明细账，如图表 1.21 所示。

图表 1.21

库存商品明细账

本账页数	
本户页数	

最高储存量________

最低储存量________

编号____________　规格________　计量单位________　计划单价________　存放地点________　名称________

年		凭证		摘要	借方（进仓）											贷方（出仓）											借或贷	结存										
月	日	种类	号数		数量	单价	百	十	万	千	百	十	元	角	分	数量	单价	百	十	万	千	百	十	元	角	分		数量	单价	百	十	万	千	百	十	元	角	分

任务 4　登记原材料明细账

任务描述

2022 年 4 月，宏达皮革厂购进、发出和结存真丝里布的数据资料如图表 1.22 所示。

图表 1.22

真丝里布进、发、存数据资料

日　期	业 务 内 容	数量（米）	单位成本（元/米）	金额（元）
4 月 01 日	月初结存	610	9.00	5 490.00
4 月 10 日	购进	1 300	9.50	12 350.00
4 月 15 日	发出	1 250		
4 月 20 日	购进	1 150	10.00	11 500.00
4 月 28 日	发出	1 210		

要求：按月末一次加权平均法计价，登记原材料明细账，如图表 1.23 所示。

图表 1.23

原材料明细账

最高储存量________

最低储存量________

本账页数	
本户页数	

编号______________　规格________　计量单位________　计划单价________　存放地点________　名称________

年		凭证		摘要	借方（进仓）											贷方（出仓）											借或贷	结存										
月	日	种类	号数		数量	单价	百	十	万	千	百	十	元	角	分	数量	单价	百	十	万	千	百	十	元	角	分		数量	单价	百	十	万	千	百	十	元	角	分

任务 5　分配制造费用、登记生产成本明细账

任务描述

2022 年 4 月，宏达皮革厂生产背包 400 件，发生直接材料费用 68 000 元，直接人工费用 45 000 元；生产手拿包 600 件，发生直接材料费用 73 000 元，直接人工费用 56 000 元，生产背包、手拿包共发生制造费用 26 000 元。

要求：（1）按生产人员工资（直接人工）比例分配制造费用，如图表 1.24 所示。

图表 1.24

制造费用分配表

年　月　日

产品	分配标准	分配率（%）	分配金额（元）	备注
背包				按生产人员工资（直接人工）比例分配制造费用
手拿包				
合计				

（2）根据制造费用分配表（原始凭证）编制记账凭证，如图表 1.25 所示。

图表 1.25

记　账　凭　证

年　月　日　　　　字第　号

摘　要	总账科目	明细科目	借方金额											贷方金额											记账√
			亿	千	百	十	万	千	百	十	元	角	分	亿	千	百	十	万	千	百	十	元	角	分	
附件　张	合　计																								

会计主管：　　记账：　　出纳：　　审核：　　制单：

（3）400 件背包全部生产完工入库，登记生产成本（背包）明细账，如图表 1.26 所示。

图表 1.26

生产成本明细账

明细科目＿背包＿＿

年		凭证		摘要	对方科目	直接材料										直接人工										制造费用																				借或贷	余额									
月	日	种类	号数			千	百	十	万	千	百	十	元	角	分	千	百	十	万	千	百	十	元	角	分	千	百	十	万	千	百	十	元	角	分	千	百	十	万	千	百	十	元	角	分		千	百	十	万	千	百	十	元	角	分

项目 4

总分类账的登记

任务　登记总分类账

任务描述

2022 年 5 月 1 日，宏达皮革厂有关账户余额如图表 1.27 所示（“期初余额”栏）。

图表 1.27

账户余额试算平衡表

会计科目	期初余额		本期发生额		期末余额	
	借方	贷方	借方	贷方	借方	贷方
银行存款	831 000					
应收账款	68 000					
短期借款		30 000				
应付账款		54 000				
应交税费		33 000				
实收资本		782 000				
合计	899 000	899 000				

本月发生下列业务（原始凭证略）。

（1）5 日，收回应收账款 51 000 元，存入银行。

（2）10 日，收到投资者投入资金 88 000 元，存入银行。

（3）15 日，以银行存款 30 000 元归还中国工商银行短期借款。

（4）19 日，以银行存款 23 000 元缴纳应交税费。

（5）26 日，向中国建设银行借入 80 000 元，存入银行。

（6）29 日，以银行存款 51 000 元偿还应付账款。

要求：（1）根据上述业务，在会计分录纸上编制记账凭证（用会计分录代替），如图表 1.28 所示。

图表 1.28

会计分录纸

2022 年		凭证字号	摘要	总账科目	明细科目	借方金额	贷方金额
月	日						
5	5	1					
	10	2					
	15	3					
	19	4					
	26	5					
	29	6					

（2）根据期初余额和记账凭证（上述 6 笔会计分录）登记银行存款总账（见图表 1.29）和短期借款总账（见图表 1.30）。假定企业根据记账凭证登记总账。

图表 1.29

总　分　类　账

科目<u>银行存款</u>　编码________　________年度

年		凭证号数	摘要	对方科目	借方										贷方										借或贷	余额									
月	日				千	百	十	万	千	百	十	元	角	分	千	百	十	万	千	百	十	元	角	分		千	百	十	万	千	百	十	元	角	分

图表 1.30

总　分　类　账

科目 短期借款　　编码________　　　　　________年度

年		凭证号数	摘要	对方科目	借方										贷方										借或贷	余额									
月	日				千	百	十	万	千	百	十	元	角	分	千	百	十	万	千	百	十	元	角	分		千	百	十	万	千	百	十	元	角	分

（3）根据记账凭证（上述 6 笔会计分录）编制科目汇总表，如图表 1.31 所示。

图表 1.31

科目汇总表

凭证　　　号至　　号　　　　　　　　2022 年 5 月 1 日至 31 日

会计科目	本期发生额	
	借方	贷方
银行存款		
应收账款		
短期借款		
应付账款		
应交税费		
实收资本		
合计		

（4）根据期初余额和科目汇总表登记银行存款总账（见图表 1.32）和短期借款总账（见图表 1.33）。假定企业根据科目汇总表登记总账。

图表 1.32

总 分 类 账

科目<u>银行存款</u>　　编码________　　　　________年度

年		凭证号数	摘要	对方科目	借方										贷方										借或贷	余额									
月	日				千	百	十	万	千	百	十	元	角	分	千	百	十	万	千	百	十	元	角	分		千	百	十	万	千	百	十	元	角	分

图表 1.33

总 分 类 账

科目<u>短期借款</u>　　编码________　　　　________年度

年		凭证号数	摘要	对方科目	借方										贷方										借或贷	余额									
月	日				千	百	十	万	千	百	十	元	角	分	千	百	十	万	千	百	十	元	角	分		千	百	十	万	千	百	十	元	角	分

（5）5 月 31 日，编制账户余额试算平衡表（填写图表 1.27 中的本期发生额和期末余额）。

项目 5

银行存款日记账与开户银行对账

任务　银行存款日记账对账

任务描述

1. 2022 年 5 月 31 日，宏达皮革厂银行存款日记账余额为 35 200 元，银行对账单余额为 34 800 元，经核对发现的未达账项如下。

（1）29 日，企业开出转账支票金额 5 300 元，持票人尚未到银行办理结算。

（2）31 日，企业向银行送存转账支票金额 4 500 元，银行尚未收款入账。

（3）31 日，企业委托银行托收 3 500 元货款，银行已收款入账，但尚未通知企业。

（4）31 日，银行为企业支付水电费 4 700 元，银行已付款入账，但企业尚未入账。

要求：对上述未达账项进行调整，编制银行存款余额调节表，如图表 1.34 所示。

2. 2022 年 5 月，宏达皮革厂银行存款日记账和银行对账单资料如图表 1.35 和图表 1.36 所示。

图表 1.34

银行存款余额调节表

年　月　日　　　　单位：元

项目	金额	项目	金额
银行存款日记账余额		银行对账单余额	
加：银行已收企业未收		加：企业已收银行未收	
减：银行已付企业未付		减：企业已付银行未付	
调节后存款余额		调节后存款余额	

图表 1.35

银行存款日记账

第　页

2022 年		凭证		摘要	对方科目	借方											贷方											借或贷	余额											核对
月	日	种类	号数			亿	千	百	十	万	千	百	十	元	角	分	亿	千	百	十	万	千	百	十	元	角	分		亿	千	百	十	万	千	百	十	元	角	分	
5	25			承前页																													4	0	7	5	0	0	0	
	26	111		销售商品，收到货款						3	2	0	0	0	0	0																	7	2	7	5	0	0	0	
	27	122		购买材料，支付货款																	2	8	3	0	0	0	0						4	4	4	5	0	0	0	
	28	123		销售商品，收到转账支票						1	7	0	0	0	0	0																	6	1	4	5	0	0	0	
	29	129		支付货款																	1	5	2	0	0	0	0						4	6	2	5	0	0	0	
	31	132		捐赠希望工程																	1	2	0	0	0	0	0						3	4	2	5	0	0	0	

图表 1.36

中国工商银行

ICBC　　中国工商银行单位账户明细对账单

账户名称：佛山市宏达皮革厂

账号：4123456789127894112　　币种：人民币（CNY）　　单位：元　　第 2 页　共 2 页

日期	摘要	凭证号	借方发生额	贷方发生额	余额	附言
	承前页				40 750.00	
20220527	转存	111		32 000.00	72 750.00	货款
20220528	转取	122	28 300.00		44 450.00	货款
20220529	转存	128		28 000.00	72 450.00	预收款
20220531	转取	131	30 020.00		42 430.00	货款
			以下为空白	*以下为空白*		

要求：进行对账，调节未达账项，并编制 5 月的银行存款余额调节表（见图表 1.37）。

图表 1.37

银行存款余额调节表

年　月　日　　　　单位：元

项目	金额	项目	金额
银行存款日记账余额		银行对账单余额	
加：银行已收企业未收		加：企业已收银行未收	
减：银行已付企业未付		减：企业已付银行未付	
调节后存款余额		调节后存款余额	

项目 6

资产负债表和利润表的编制

任务　编制资产负债表和利润表

任务描述

1．2022 年 5 月 31 日，宏达皮革厂有关总分类账户的余额如图表 1.38 所示。

图表 1.38

总分类账户余额表

2022 年 5 月 31 日　　　　单位：元

科目名称	借方余额	科目名称	贷方余额
库存现金	2 300.00	短期借款	50 000.00
银行存款	125 000.00	应付账款	98 600.00
应收账款	57 710.00	应付职工薪酬	11 800.00
在途物资	5 000.00	应交税费	80 000.00
原材料	47 100.00	长期借款	20 000.00
库存商品	85 900.00	实收资本	120 000.00
生产成本	20 000.00	盈余公积	34 000.00
固定资产	164 190.00	利润分配	24 400.00
累计折旧	-20 500.00	本年利润	81 000.00
在建工程	33 100.00		
合计	519 800.00	合计	519 800.00

要求：编制 2022 年 5 月月末的资产负债表（简表），如图表 1.39 所示。

图表 1.39

资产负债表（简表）

会小企 01 表

编制单位： 2022 年 5 月 31 日 单位：元

资产	期末余额	负债和所有者权益	期末余额
货币资金		短期借款	
应收账款		应付账款	
其他应收款		应付职工薪酬	
存货		应交税费	
流动资产合计		长期借款	
		负债合计	
固定资产		实收资本	
在建工程		盈余公积	
非流动资产合计		未分配利润	
		所有者权益合计	
资产合计		负债和所有者权益合计	

2．2022 年 5 月 31 日，佛山市腾飞皮具有限公司有关总分类账户的余额如图表 1.40 所示。

图表 1.40

总分类账户余额表

2022 年 5 月 31 日 单位：元

科目名称	借方余额	科目名称	贷方余额
库存现金	30 000.00	短期借款	370 000.00
银行存款	600 000.00	应付票据	75 000.00
其他货币资金	45 000.00	应付账款	732 000.00
短期投资	441 000.00	应付职工薪酬	523 500.00
应收票据	195 000.00	应付利润	492 000.00
应收账款	570 000.00	应交税费	186 000.00
其他应收款	60 000.00	其他应付款	12 000.00
原材料	840 000.00	应付利息	25 500.00
生产成本	60 000.00	长期借款	100 500.00
周转材料	18 000.00	实收资本	2 400 000.00
库存商品	435 000.00	盈余公积	327 000.00
长期股权投资	345 000.00	利润分配	350 000.00
固定资产	1 425 000.00	本年利润	150 000.00
累计折旧	−174 000.00		
在建工程	523 500.00		
长期待摊费用	330 000.00		
合计	5 743 500.00	合计	5 743 500.00

要求：编制 2022 年 5 月月末的资产负债表（填写图表 1.41 中的期末余额）。

图表 1.41

资产负债表①

会小企 01 表

编制单位：　　　　年　月　日　　　　单位：元

资产	期末余额	年初余额	负债和所有者权益	期末余额	年初余额
流动资产：			流动负债：		
货币资金			短期借款		
短期投资			应付票据		
应收票据			应付账款		
应收账款			预收账款		
预付账款			应付职工薪酬		
应收股利			应交税费		
应收利息			应付利息		
其他应收款			应付利润		
存货			其他应付款		
流动资产合计			流动负债合计		
非流动资产：			非流动负债：		
长期债券投资			长期借款		
长期股权投资			长期应付款		
固定资产原价			递延收益		
减：累计折旧			其他非流动负债		
固定资产账面价值			非流动负债合计		
在建工程			负债合计		
工程物资			所有者权益：		
固定资产清理			实收资本（或股本）		
无形资产			资本公积		
开发支出			盈余公积		
长期待摊费用			未分配利润		
非流动资产合计			所有者权益合计		
资产合计			负债和所有者权益合计		

单位负责人：　　　　会计主管：　　　　制表人：

3．2022 年 5 月，宏达皮革厂有关总分类账户的发生额如图表 1.42 所示。

① 经济业务未涉及的部分科目已省略，下同。

图表 1.42

总分类账户发生额表

单位：元

账户	借方发生额	账户	贷方发生额
主营业务成本	1 723 200.00	主营业务收入	2 154 200.00
其他业务成本	3 600.00	其他业务收入	4 000.00
税金及附加	87 050.00	营业外收入	890.00
销售费用	131 600.00		
管理费用	103 390.00		
财务费用	1 650.00		
营业外支出	600.00		
所得税费用	27 000.00		

要求：根据上列图表账户的数据资料，编制 2022 年 5 月的利润表，如图表 1.43 所示。

图表 1.43

利润表

会小企 02 表

编制单位： 年 月 单位：元

项目	本期金额	累计金额
一、营业收入		
减：营业成本		
税金及附加		
销售费用		
管理费用		
财务费用		
其中：利息费用		
利息收入		
加：投资收益（损失以“－”号填列）		
其中：对联营企业和合营企业的投资收益		
二、营业利润（亏损以“－”号填列）		
加：营业外收入		
减：营业外支出		
三、利润总额（亏损总额以“－”号填列）		
减：所得税费用		
四、净利润（净亏损以“－”号填列）		

注：表中“本期金额”为 5 月发生额，“累计金额”为 1—5 月发生额。

模块 2　手工综合项目实训

手工综合项目实训以佛山市乐华皮具有限公司为原型展开实训。该企业基本情况如图表 2.1 所示。

图表 2.1

佛山市乐华皮具有限公司基本情况

公司名称	佛山市乐华皮具有限公司		
企业类型	制造业（小微企业）	法定代表人	乐华
注册资本	350 万元	占地面积	1 000m^2
会计主管	李琦	会计	管彰
出纳	钱前，身份证号码：410601198902253931		
公司地址、电话	佛山市新城区中山九路 12 号，0757-83000025		
经营性质	√生产　√加工　√销售　□服务		
经营范围	皮具制品（各类女士手拿包、时尚背包等）生产、加工、销售		
统一社会信用代码	91220082002868799U	税率	一般纳税人，13%
开户银行、账号	工行佛山市新城区支行，4002123596217954312		
生产组织形式和工艺流程	设有一个基本生产车间，大量、大批重复生产各类女士手拿包、时尚背包等		

注：按照国家税务总局公告 2019 年第 2 号的有关规定，小型微利企业（简称“小微企业”）是指从事国家非限制和禁止行业，且同时符合年度应纳税所得额不超过 300 万元、从业人数不超过 300 人、资产总额不超过 5 000 万元 3 个条件的企业。佛山市乐华皮具有限公司符合以上 3 个条件，因此属于小微企业。

项目 1

手工综合项目实训准备

1. 手工综合项目实训的目的

（1）通过手工综合项目实训，把会计基础课堂理论教学与手工实践操作紧密结合起来，加深学生对课堂理论教学的理解。

（2）通过手工综合项目实训，加深学生对会计工作的感性认识，了解会计实际工作中手工会计操作的基本步骤及基本内容。

（3）通过手工综合项目实训，学生能掌握填制会计凭证、登记账簿、编制会计报表等会计核算方法及其基本程序，有效地提高会计工作能力。

2. 手工综合项目实训的基本内容

（1）建立会计账簿，包括账簿的启用登记、编目，手工设置账户，登记期初余额。

（2）填制由财务部门出具的各种原始凭证，包括开具发票及银行结算凭证等，审核各种外部和内部原始凭证。

（3）编制有关工资、固定资产、存货及成本核算的计算表。

（4）编制及审核记账凭证。

（5）登记总账、日记账、明细账、有关备查簿、核对表。

（6）银行对账、财产清查、往来账款管理。

（7）期末账项调整。

（8）期末结账。

（9）编制会计报告，包括资产负债表、利润表、现金流量表。

3. 进行手工综合项目实训必须具备的相关知识及应用能力

党的二十大报告明确提出："教育、科技、人才是全面建设社会主义现代化国家的基础性、战略性支撑。必须坚持科技是第一生产力、人才是第一资源、创新是第一动力，深入实施科教兴国战略、人才强国战略、创新驱动发展战略，开辟发展新领域新赛道，不断塑造发展新动能新优势。"完成本实训项目必须具备会计基础、初级会计电算化、经济法基础知识和简单的点钞技能。若采用畅捷通财务软件进行操作，学生还必须具备总账、财务报表、工资管理、固定资产管理模块的应用能力。

4. 手工综合项目实训的环境

（1）实训台：8～12 组，要求按组摆放，其布局与实际企业会计部门基本相似。

（2）多媒体教学设施：主要包括教师机 1 台，液晶投影仪 1 台，投影幕布 1 块，验钞机 1 台。

（3）印章：每小组（4 人）一套，包括模拟企业的财务专用章、法人章、企业公章（预留银行印鉴），以及发票专用章、银行业务章。

① 预留银行印鉴（见图表 2.2）。

图表 2.2

中国工商银行印鉴卡

账号	4002123596217954312	账户名	佛山市乐华皮具有限公司
地址	佛山市新城区中山九路 12 号	联系电话	0757-83000025
预留印鉴式样	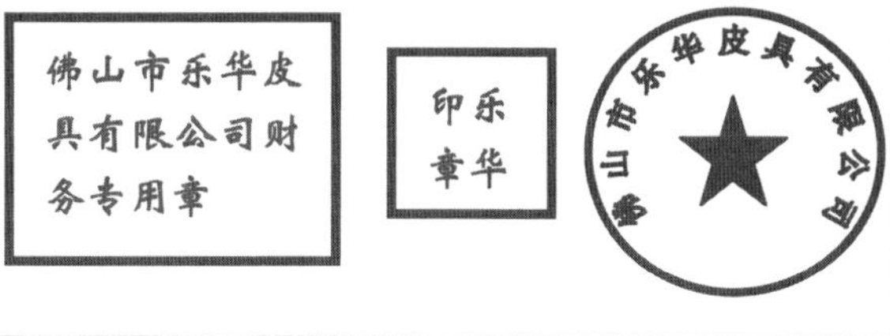	使用说明	
		启用日期 2022 年 1 月 1 日	
		注销日期 年 月 日	

网点专管员：梁秋军　　网点主任：李君

② 发票专用章（见图表 2.3）。

③ 银行业务章（见图表 2.4）。

图表 2.3

发票专用章

图表 2.4

银行业务章

5. 手工综合项目实训的材料

（1）空白原始凭证。

① 银行票证：包括各种模拟支票、汇票、送款簿等。

② 税务发票：包括各种模拟增值税发票、商业发票、服务业发票等。

③ 其他：包括各种费用计算表和财务成果计算表。

（2）空白账证表。

① 记账凭证：包括通用记账凭证，记账凭证封皮（封面和封底）。

② 账簿：包括现金日记账、银行存款日记账（可采用三栏式账页代替）、总账、三栏式明细账、多栏式明细账和数量金额式明细账账页，备查账或登记簿，账簿封面、首页、目录账页。

③ 财务报表：包括资产负债表、利润表、现金流量表、所有者权益变动表及报表封面等。

（3）会计办公用品。

每小组一套，包括计算器 1 个，双色印台 1 盒，笔筒 1 个，记账签字笔（红色、黑色或蓝色）4 支，直尺 1 把，剪刀 1 把，胶水 1 瓶，大头针 1 盒，回形针 1 盒，文件夹 2 个，资料夹 2 个，订书器 1 个，装订机 1 台。

6. 企业基本会计规定

（1）采用的会计政策和核算方法。

企业执行财政部《小企业会计准则》（2022 年版）、《会计基础工作规范》、《企业会计信息化工作规范》和现行税法（截止到教材业务日期前）及优惠政策。

（2）货币资金核算与管理。

① 现金的管理严格执行我国国务院颁布的《现金管理暂行条例》的规定。根

据单位实际需要，核定的库存现金限额为 10 000 元，超出限额部分要及时送存银行。

② 单位只设立基本存款账户。单位账户不得外借，也不得借用他人账户办理单位业务。

③ 员工因公业务借款时，必须填写借款单，经单位负责人批准后由出纳支付。

④ 在业务办理完毕后，因公借款应立即结清，不得拖延至次月，在当月应结清而未结清的借款从当月工资中扣还。

⑤ 员工报销费用时，必须填写费用报销单，由部门负责人签字、会计审核，经财务部门负责人、单位负责人批准后由出纳支付，并及时登记现金日记账和银行存款日记账。

⑥ 严禁白条抵库和任意挪用现金，出纳必须每日结出现金日记账的账面余额，并与库存现金核对，发现不符时要及时查明原因。财务部门负责人应对库存现金进行定期或不定期检查，以保证现金的安全和完整。单位的一切现金收付都必须有合法的原始凭证。

⑦ 出纳要随时掌握银行存款余额，不准签发空头支票。在每月月末，出纳要做好与银行的对账工作，并编制“银行存款余额调节表”，对未达账项进行分析，查找原因，并汇报给财务部门负责人。

⑧ 结算方式有现金、现金支票、转账支票、银行汇票、电汇、委托收款、托收承付、网银支付等。

（3）职工薪酬核算与管理。

① 职工工资由基本工资、岗位工资、岗位津贴构成。本实训中，单位职工请病假，在保证不低于国家有关病假待遇和相关工资规定的情况下，一般按照一天 30 元的标准扣款；职工因事假缺勤，在执行国家有关工资规定的情况下，按照一天 80 元的标准扣款。职工每人每月的岗位工资如下：企管部人员 3 500 元，财务部人员 3 000 元，采购部人员 2 500 元，销售部人员 2 800 元，其他部门人员 2 000 元。职工每人每月的岗位津贴如下：管理人员 500 元，车间主任 500 元，其他人员 350 元。

② 单位和职工个人均以缴费工资为缴纳社会保险费的基数。缴费工资一般根据职工上年度月平均工资收入确定（新职工当月工资），每年 7 月调整。单位按国家规定为每位职工缴纳“四险一金”，并按规定扣缴职工个人承担部分。关于“四险一金”的费率，国家根据经济情况进行调整，各地区、各单位在执行国家规定的情况下可能有所不同。在实际工作中，应根据实际费率进行计算。本实训中，由单位承担并缴纳的养老保险金、医疗保险金（包含生育保险）、失业保险金、工伤保险、住

房公积金分别按职工上年度月平均工资的 14%、4%、0.48%、0.1%、12%计算，由职工个人承担的养老保险金、医疗保险金、失业保险金、住房公积金分别按本人上年度月平均工资的 8%、1.5%、0.2%、12%计算。本实训中，上年度月平均工资等于本月的应付工资。

③ 按国家规定代扣代缴个人所得税。本实训中，居民个人工资、薪金所得预扣率表如图表 2.5 所示，个人所得税相关计算公式如下：

本期应纳税额=1 至 5 月累计应纳税额-1 至 4 月累计已预扣预缴税额

1 至 5 月累计应纳税额=（累计收入-累计减除费用-累计专项扣除-累计专项附加扣除-累计确定的其他扣除）×预扣率-速算扣除数

说明：公式中，累计收入=5 月的应付工资合计+1 至 4 月累计收入

累计专项扣除=（个人缴纳的养老保险金+个人缴纳的医疗保险金+个人缴纳的失业保险金+个人缴纳的住房公积金）×5

累计专项附加扣除=(子女教育+继续教育+大病医疗+住房贷款利息+住房租金+赡养老人）×5

图表 2.5

居民个人工资、薪金所得预扣率表

（居民个人工资、薪金所得预扣预缴适用）

级数	累计预扣预缴应纳税所得额	预扣率（%）	速算扣除数
1	不超过 36 000 元的	3	0
2	超过 36 000 元至 144 000 元的部分	10	2 520
3	超过 144 000 元至 300 000 元的部分	20	16 920
4	超过 300 000 元至 420 000 元的部分	25	31 920
5	超过 420 000 元至 660 000 元的部分	30	52 920
6	超过 660 000 元至 960 000 元的部分	35	85 920
7	超过 960 000 元的部分	45	181 920

④ 按应付工资总额的 2%提取工会经费，按应付工资总额的 8%提取职工教育经费。

（4）固定资产核算与管理。

① 固定资产包括房屋、建筑物、机器设备三大类，每大类又分为生产用和非生产用两个子类，且均为正在使用状态。

② 按月提取固定资产折旧。当月增加的固定资产，当月不计提折旧，从下月起计提折旧；当月减少的固定资产，当月计提折旧，从下月起不计提折旧。

③ 固定资产采用平均年限法计提折旧，房屋及建筑物净残值率按 5%计算，机器设备净残值率按 4%计算，折旧率保留百分数 4 位小数。若当月为固定资产预计可使用的最后一个月，则应将剩余折旧全部提足。

④ 固定资产因故障或损坏必须修理时，由送修部门填写申请表，经总经理批准后送修。

⑤ 固定资产入账必须经使用部门确认验收。凡验收不合格的固定资产款项，财务部不予支付。

⑥ 固定资产的管理由各使用部门负责，并于每年 12 月月底前与财务部固定资产管理人员核对。

⑦ 固定资产发生部门转移时，必须由移出部门填写固定资产转移单，经单位负责人审批和使用部门验收后方可办理转移手续。

（5）存货核算。

① 材料收发采用实际成本法核算。存货包括原材料、包装物、低值易耗品、库存商品等，各类存货按实际成本核算，包括价款和不得抵扣的进项税额，其他附加费用（如运费、保险费、关税等）均应计入材料成本。根据材料验收入库凭证，逐笔编制记账凭证，进行材料的购入核算。

② 材料的领用或退回均应填写领料单或退料单。领料单、退料单应按照规定填写并经部门负责人签字确认。

③ 库存商品收发采用实际成本法核算。

月末，企业根据平时的产品完工（库存商品）入库单汇总编制库存商品入库汇总表，根据产品成本核算要求计算并结转完工产品成本；根据平时的商品出库单汇总编制主营业务成本计算表，采用月末一次加权平均法计算并结转产品销售成本，加权平均单位成本保留 4 位小数。

④ 对于存货（原材料、库存商品）明细账，平时应根据存货的收发凭证，逐笔对原材料、库存商品的收发存数量进行核算。

（6）无形资产核算。

企业现有财务软件的摊销期限为 10 年。

（7）制造费用核算。

企业按基本生产车间设多栏式制造费用明细账。制造费用发生时，按其性质，根据有关的原始凭证编制记账凭证，并记入制造费用明细账。月末，制造费用按生产工时的比例进行分配，分配率保留 4 位小数。

（8）税费核算政策。

① 增值税。该企业为增值税一般纳税人，销售各种商品或者加工、修理修配劳务均应缴纳增值税，增值税税率为13%，按月缴纳。

② 企业所得税。企业所得税的计税依据为应纳税所得额，所得税税率为25%，所得税的会计处理采用资产负债表债务法。除营业外支出（捐赠）外，假设资产、负债的账面价值与其计税依据一致，未产生暂时性差异，全年所得税调整事项均在12月进行。企业所得税按月预提，按季预缴，年终汇算清缴。（实训业务处疫情特殊时期，所得税负减半。）

③ 城市维护建设税、教育费附加和地方教育附加。城市维护建设税、教育费附加和地方教育附加分别按应交增值税的7%、3%和2%计算，按月缴纳。

（9）其他。

① 短期借款的利息。按季结算，分月预提，季末支付。

② 长期借款的利息。按月计提分配，按季支付。与购建固定资产有关的长期借款，在固定资产达到预计可使用状态前计入固定资产成本。

③ 所有者权益。企业建立资本金保全制度，实收资本的增减必须通过法定程序进行。企业的资本公积主要是投资者前期投入的资本溢价和接受的现金捐赠。企业的盈余公积只有法定盈余公积和任意盈余公积。

④ 利润及其分配。企业每月按税后利润的10%提取法定盈余公积；任意盈余公积的提取比例由股东会根据企业当年实现的净利润情况确定，本实训按5%提取任意盈余公积。年末，企业根据当年可向投资者分配的利润，由股东会决定，按投资者的出资比例进行分配。

⑤ 物资清查。企业定期对存货及固定资产进行清查，根据盘点结果编制“实存账存对比表”，报经主管领导审批后进行处理。

（10）会计档案保管。

① 财务部负责本企业会计档案的保管工作。

② 会计档案应按要求设置归档登记簿、档案目录登记簿和档案借阅登记簿，严防毁坏、散失和泄密。

③ 会计档案查阅须经批准。企业内部人员借阅会计档案时，须经财务部门负责人同意，并登记档案借阅人的姓名、部门，借阅的日期、数量、内容及归期等信息。

④ 会计档案不得对外借出。如有特殊需要，须经单位负责人、财务部门负责人批准后以复印件形式借出。

7. 账务处理程序及要求

（1）企业根据期初资料，开设总账、明细账及现金日记账和银行存款日记账。总账和日记账均采用三栏式账页格式，明细账根据需要分别选用三栏式、数量金额式或多栏式账页格式。

（2）账务处理程序，采用科目汇总表核算形式，每月按上旬（1 至 10 日）、中旬（11 至 20 日）、下旬（21 至 31 日）定期汇总，据以登记总分类账。

（3）分析并处理原始凭证（见图表 2.6）。

图表 2.6

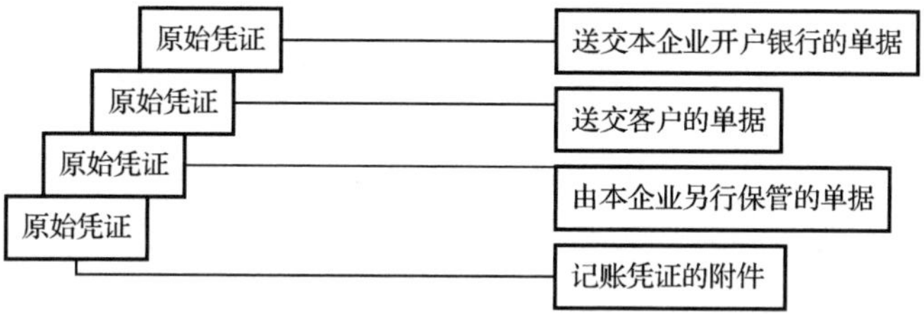

分析并处理原始凭证

① 经济业务全部以原始凭证描述。

② 准备 a、b、c、d 4 个信封，练习原始凭证的处理和传递。

（4）填制自制原始凭证（部分或全部内容）。

（5）编制记账凭证。

根据审核后的原始凭证进行通用记账凭证的填制，按月、按类型连续编号。

（6）登账。

① 根据记账凭证及所附的原始凭证，逐日逐笔登记现金日记账和银行存款日记账。

② 根据记账凭证及所附的原始凭证，逐笔登记明细分类账 A（三栏式）、B（数量金额式）、C（多栏式）。

③ 按上旬、中旬、下旬编制科目汇总表，并根据科目汇总表登记总账。

（7）结账。

期末结出有关账户的发生额及余额，并进行总账余额试算平衡。

（8）编制会计报表。

① 编制资产负债表。

② 编制利润表。

（9）纳税申报（网上电子报税）。

① 增值税申报表。

② 城市维护建设税和教育费附加申报表。

③ 企业所得税申报表等。

（10）装订记账凭证。

规范装订会计凭证（科目汇总表放在记账凭证前，加盖记账凭证封面）和财务报表；非附件的原始凭证分类（送客户、送开户银行、本企业另行保管）装订。

8. 实训涉及的会计科目

实训涉及的会计科目如图表 2.7 所示。

图表 2.7

会计科目

一、资产类科目	在建工程	本年利润
库存现金	无形资产	利润分配
银行存款	长期待摊费用	四、成本类科目
其他货币资金	待处理财产损溢	生产成本
短期投资	二、负债类科目	制造费用
应收票据	短期借款	五、损益类科目
应收账款	应付票据	主营业务收入
预付账款	应付账款	其他业务收入
应收股利	预收账款	投资收益
应收利息	应付职工薪酬	营业外收入
其他应收款	应交税费	主营业务成本
物资采购	应付利润	其他业务成本
在途物资	应付利息	税金及附加
原材料	其他应付款	销售费用
材料成本差异	长期借款	管理费用
库存商品	三、所有者权益类科目	财务费用
长期股权投资	实收资本	营业外支出
固定资产	资本公积	所得税费用
累计折旧	盈余公积	

任务 1　建账（设置账户）

了解实际会计工作中的账簿设置，掌握开设、登记总账、日记账及明细账的基本方法，了解各种账簿的基本格式和形式。

任务描述

建账（设置账户），并登记期初余额。

1. *期初数*

（1）佛山市乐华皮具有限公司在 2022 年 4 月月末的总账及有关明细账资料如图表 2.8 所示。

图表 2.8

总账及有关明细账资料

2022 年 4 月 30 日　　　　单位：元

会计科目	借方余额		贷方余额	
	总账	明细账	总账	明细账
库存现金	400.00			
银行存款	967 843.90			
应收账款	200 412.00			
中山市光明有限责任公司		104 000.00		
广州市新长工厂		96 000.00		
佛山市弘海商贸有限公司		412.00		
预付账款	160 000.00			
其他应收款	27 920.52			
社会保险费		21 420.52		
李莎		4 000.00		
王琳		2 500.00		
在途物资	20 000.00			
原材料	112 000.00			
库存商品	241 000.00			
长期待摊费用	3 200.00			
固定资产	4 600 000.00			

续表

会计科目	借方余额		贷方余额	
	总账	明细账	总账	明细账
累计折旧	−858 300.00			
短期借款			60 000.00	
应付账款			80 000.00	
东莞市云峰有限公司				70 000.00
江门市蓬江皮具公司				10 000.00
其他应付款			26 499.60	
住房公积金				26 499.60
应付职工薪酬			260 628.82	
应付职工工资				171 016.01
职工福利费				
工会经费				4 416.60
社会保险费				41 030.21
基本养老保险费				30 916.20
基本医疗保险费				8 833.20
工伤保险费				220.83
失业保险费				1 059.98
住房公积金				26 499.60
职工教育经费				17 666.40
应交税费			31 203.20	
应交增值税（已交税金）				15 360.00
应交城市维护建设税				1 075.20
应交企业所得税				14 000.00
应交教育费附加				460.80
应交地方教育附加				307.2
应付利息			6 304.80	
长期借款			1 000 800.00	
实收资本			3 500 000.00	
资本公积			58 000.00	
盈余公积			44 290.00	
本年利润			346 750.00	
利润分配			60 000.00	
合计	5 474 476.42		5 474 476.42	

（2）原材料明细账资料如图表 2.9 所示。

图表 2.9

原材料明细账资料

品种	单位	数量	单位成本（元）	金额（元）
里布	米	8 000	5.00	40 000.00
五金件	套	4 000	10.00	40 000.00
PU 超纤维	米	1 000	32.00	32 000.00
合计				112 000.00

（3）库存商品明细账资料如图表 2.10 所示。

图表 2.10

库存商品明细账资料

品种	单位	数量	单位成本（元）	金额（元）
女士手拿包	个	6 000	25.00	150 000.00
背包	个	2 600	35.00	91 000.00
合计				241 000.00

（4）固定资产有关明细账资料如图表 2.11 所示。

图表 2.11

固定资产有关明细账资料

类别	房屋类 1	房屋类 2	机器设备类
名称	车间用房屋	管理部门房屋	生产设备
建设单位	佛山建筑一公司	广州建筑二公司	佛山交电公司
验收时间	2017 年 5 月	2017 年 11 月	2020 年 10 月
开始使用时间	2017 年 5 月	2017 年 11 月	2020 年 10 月
原值（元）	1 600 000.00	800 000.00	2 200 000.00
预计使用时间（年）	20	20	10
预计净残值（元）	80 000.00	40 000.00	88 000.00
年折旧率（%）	4.75	4.75	9.6

2. 具体操作步骤

（1）根据图表 2.8 开设总账、库存现金和银行存款日记账，以及应收账款、其他应收款、应付账款及应交税费明细账。

（2）根据图表 2.9、图表 2.10 和图表 2.11 开设原材料、库存商品、固定资产明细分类账。

3. 具体要求

（1）开设各种账簿时，首先应填制账簿启用和经管人员一览表；账户按会计科目表顺序设置。

（2）库存现金、银行存款日记账应采用金额三栏式的订本式账簿。

（3）总账、应收账款及应付账款等明细账采用金额三栏式的活页式账簿。

（4）一律在账页的正面开设账户。

任务 2　审核和编制会计凭证

通过实践，了解会计凭证应具备的基本要素，掌握原始凭证的填制和审核方法；重点掌握记账凭证的填制和审核方法；了解会计凭证的传递程序及保管要求。

任务描述

根据佛山市乐华皮具有限公司 2022 年 5 月发生的经济业务进行账务处理。

1. 经济业务

（1）2 日，从银行提取现金 1 200 元备用。

（2）2 日，从云浮市七星纺织公司购入里布 12 000 米，发票注明的材料价款为 60 000 元，增值税税额为 7 800 元，材料验收入库，货款及税款以转账支票支付。（注：该企业购买的材料不记入“物资采购”账户，下同）。

（3）2 日，采购员王琳报销差旅费 2 233 元，收回现金 267 元，结清原借支款项。

（4）3 日，上个月向江门市蓬江皮具公司采购五金件 2 000 套，验收入库，按实际采购成本 20 000 元入账（原已记入“在途物资”账户）。

（5）3 日，销售给百安居连锁经营有限责任公司女士手拿包 1 000 个，每个出厂价（售价，下同）为 65 元；背包 400 个，每个出厂价为 100 元，货款共计 105 000 元，增值税税额为 13 650 元，货款及税款存入银行。

（6）3 日，生产女士手拿包领用里布 4 000 米，实际成本为 20 000 元；领用五金件 2 000 套，实际成本为 20 000 元。生产背包领用里布 3 000 米，实际成本为 15 000 元；领用五金件 1 600 套，实际成本为 16 000 元。车间一般消耗领用 PU 超纤维 200 米，实际成本为 6 400 元。

（7）5 日，收到中山市光明有限责任公司偿还的货款 52 000 元，存入银行。

（8）5 日，财务部购入佛山市友易软件技术有限公司的财务软件，以托收承付方式支付 50 880 元。

（9）8 日，购入肇庆市星艺机械公司的生产机器设备，收到对方开具的发票，设备运达企业，款项采用电汇结算方式支付，准备安装设备。

（10）9 日，向佛山市澜石安装公司支付安装费，设备当日安装完毕，经验收合格后交付使用（固定资产管理模块完成资产新增并生成凭证，增加方式为“在建工程转入”）。

（11）10 日，行政管理部门领用 PU 超纤维 300 米，实际成本为 9 600 元。

（12）10 日，接到银行通知，广州市新长工厂偿还货款 48 000 元，存入银行。

（13）10 日，开出电子缴税凭证，上缴上个月的增值税 15 360 元、企业所得税 14 000 元、城市维护建设税 1 075.2 元、教育费附加 460.8 元及地方教育附加 307.2 元。

（14）11 日，填制电汇凭证，汇出 40 000 元，归还前欠东莞市云峰有限公司的货款。

（15）12 日，销售主管肖军出差，预借差旅费 1 000 元，以库存现金付讫。

（16）12 日，企管部报销零星办公用品费 180.8 元，以库存现金支付。

（17）12 日，发放职工上个月的工资 171 016.01 元，全部款项通过银行代发，直接转入职工个人工资账户。

（18）13 日，销售给广州市增城光明工厂女士手拿包 800 个，每个出厂价为 65 元，增值税税率为 13%，货款及税款收到转账支票，存入银行。

（19）15 日，从阿 YY 饰品有限公司购进五金件 8 000 套，单价为 9.90 元，货款为 79 200 元，运杂费为 800 元，增值税税额为 10 296 元，材料按实际成本转账，货款未付。

（20）15 日，采购员李莎报销差旅费 4 380 元，以库存现金补足 380 元，结清原借支款项。

（21）15 日，支付社会保险费和缴纳住房公积金。

（22）16 日，开出现金支票，提取现金 1 000 元备用。

（23）17 日，以现金支票支付佛山市公正汽车修理厂修理费 15 820 元。

（24）18 日，销售给广州市新长工厂女士手拿包 800 个，每个出厂价为 65 元；背包 2 000 个，每个出厂价为 100 元。增值税税率为 13%，货款及税款已收转账支票，企业已入账。

（25）18 日，转账支付电话费 11 423.2 元。

（26）19 日，以现金支付高速公路费 515 元。

（27）20 日，生产女士手拿包领用里布 4 000 米，实际成本为 20 000 元；领用五金件 2 000 套，实际成本为 20 000 元；车间一般消耗领用 PU 超纤维 200 米，实际成本为 6 400 元。

（28）22 日，向佛山市电视台综合频道支付产品广告费 4 240 元。

（29）23 日，银行转来江门市新芳皮革有限公司托收凭证，购买里布 2 000 米，每米买价为 4.8 元，共计 9 600 元，增值税税额为 1 248 元；购入 PU 超纤维 800 米，每米买价为 31.8 元，共计 25 440 元，增值税税额为 3 307.2 元。两种材料共支付运费 560 元，增值税税率为 9%，款项全部承付。运费按材料计量单位进行分配。

（30）24 日，报销本企业汽车油费 385.22 元，以库存现金支付。

（31）24 日，销售给广州市新长工厂里布 2 000 米，每米售价为 8 元，共计 16 000 元，增值税税额为 2 080 元，材料款及税款收到转账支票，存入银行。

（32）25 日，仓库转来验收单，从江门市新芳皮革有限公司购进里布 2 000 米，PU 超纤维 800 米，商品验收入库。

（33）25 日，在销售过程中，为包装产品领用 PU 超纤维 20 米，实际成本为 640 元；行政管理部门维修领用 PU 超纤维 40 米，实际成本为 1 280 元。

（34）25 日，摊销无形资产。

（35）27 日，向广州市东塘皮具有限公司销售女士手拿包 3 300 个，单价为 65 元，共计 214 500 元，增值税税额为 27 885 元，货款及税款收到电汇凭证收账通知。

（36）28 日，以支票支付电费 10 400 元，其中用于生产动力的为 9 180 元，用于照明的为 1 220 元；增值税税率为 13%。

（37）28 日，仓库盘点发现里布盘亏 80 米，实际成本为 400 元；五金件盘亏 240 套，实际成本为 2 400 元，短缺原因不明。

（38）29 日，向银行借入半年期借款 100 000 元，存入银行。

（39）30 日，分配本月工资费用并结转代扣个人负担的社会保险费、住房公积金和个人所得税（通过工资管理模块完成工资分摊并生成凭证，通过总账模块完成结转代扣款项）。

（40）30 日，计提本月工会经费和职工教育经费，计提本月由企业负担的职工社会保险费和住房公积金（四险一金）（通过工资管理模块完成各项工资费用的分摊，并按部门生成凭证）。

（41）31 日，分摊本月应由管理部门负担的房屋租金 200 元，由车间负担的财产保险费 1 200 元，由管理部门负担的财产保险费 200 元。

（42）31 日，计提本月固定资产折旧费 27 200 元，其中车间固定资产应提 24 000 元，行政管理部门应提 3 200 元（通过固定资产管理模块完成固定资产折旧的计提，并生成凭证）。

（43）31 日，计提本月短期借款和长期借款利息，共计 6 304.8 元。

（44）31 日，月末分配结转本月制造费用。

（45）31 日，结转本月完工女士手拿包、背包产品（全部生产完工）的实际生产成本。本月完工女士手拿包 5 400 个，完工背包 2 000 个，两种商品均已验收入库。

（46）31 日，销售给佛山市宏达有限责任公司女士手拿包 500 个，背包 200 个，增值税税率为 13%，开出了增值税专用发票，商品已全部发出，货款尚未收到。

（47）31 日，计算和结转本月产品销售成本（采用月末一次加权平均法）。本月销售女士手拿包 6 400 个，销售背包 2 600 个。

（48）31 日，计算本月应缴而未缴的增值税。

（49）31 日，根据本月应缴的增值税，按规定比率 7%计提本月应交城市维护建设税，按规定比率 3%计提应交教育费附加，按规定比率 2%计提应交地方教育附加。

（50）31 日，核销无法支付的应付账款（前欠东莞市云峰有限公司的货款）900 元。

（51）31 日，开出转账支票 2 000 元，通过民政部门捐赠给希望工程。

（52）31 日，结转本月销售里布的实际成本 10 000 元。

（53）31 日，28 日盘点发现盘亏的里布（400 元），已查明原因，系管理不善造成，经批准记入“营业外支出”账户；盘亏的五金件（2 400 元），系责任事故，经批准由责任人刘湘赔偿，从下个月工资中扣还。

（54）31 日，佛山市弘海商贸有限公司有一项应收账款无法收回，发生坏账损失 412 元。

（55）31 日，企业开发新产品（男士手拿包），生产该产品领用五金件 2 000 套，实际成本为 20 000 元。产品尚未生产完工。

（56）31 日，将本月损益类账户发生额结转到“本年利润”账户（总账模块期末进行转账自定义，并分别生成收入和成本两张凭证）。

（57）31 日，根据本月利润总额，按适用税率计提本月应缴的所得税费用（没有纳税调整项），并将所得税费用结转到“本年利润”账户。

（58）31 日，假定按本月净利润的 10%提取法定盈余公积，按净利润的 5%提取任意盈余公积。

2. 具体操作步骤

（1）根据企业发生的经济业务填制和审核所附的原始凭证，并将原始凭证裁剪下来。

（2）根据审核无误的原始凭证编制记账凭证，并随时登记序时账和明细账（原则上一笔经济业务编制一张记账凭证，同时将裁剪下的原始凭证附在记账凭证后）。

（3）按照经济业务的顺序填制记账凭证编号（每月从第 1 号编起）。

（4）定期（10 天）根据记账凭证编制科目汇总表。

（5）按顺序对记账凭证进行整理。

3. 具体要求

（1）填写原始凭证（部分经济业务的原始凭证需自己填制），根据原始凭证编制记账凭证。记账凭证可采用通用格式，也可使用收款凭证、付款凭证及转账凭证。

（2）要求用蓝黑色墨水笔按规定的要求进行凭证的填写，若发生错误，应采用正确的更正方法进行更正。

（3）科目汇总表分为上旬、中旬、下旬，每 10 天根据记账凭证汇总编制一次。

（4）审核原始凭证的内容是否与记账凭证一致。

（5）审核记账凭证填制（会计分录）得是否正确，内容是否齐全，有关人员是否已签章。

（6）填写会计凭证封面，将凭证折叠整齐并装订。

任务 3　登记总账及有关明细账

任务描述

通过实践，了解账簿的种类，掌握库存现金、银行存款日记账的登记方法，总账及有关明细账的平行登记和核对方法。

1. 登记总账及有关明细账

根据总账及明细账账户的期初余额和已编制的记账凭证及有关原始凭证登记总账及有关明细账。

2. 具体操作步骤

（1）根据所编制的记账凭证逐笔登记库存现金及银行存款日记账（先登记期初余额）。

（2）根据记账凭证及有关原始凭证登记明细账。

（3）根据科目汇总表定期登记总账。

（4）月末，将总账与日记账进行核对，将总账与明细账进行核对，并进行结账。

（5）月末，编制总分类账户发生额及余额试算平衡表。

3. 具体要求

（1）采用蓝黑色墨水笔进行书写，字迹要工整。

（2）如发生错误，应采用正确的更正方法（如划线更正法、红字更正法、补充登记法）进行更正；不得涂改、刮擦。

（3）各种账簿必须按事先编写的页码，逐页逐行连续登记，不得隔页、跳行。

（4）结出余额后，应在“借”或“贷”栏内写明“借”或“贷”字样；没有余额的账户，应在“借”或“贷”栏内填写“平”字，并在“余额”栏内的“元”位填写“0”。

（5）月末结账后，应画出通栏单红线。

任务 4　编制会计报表

任务描述

通过实践，了解会计报表的作用，掌握编制会计报表的方法。

1. 根据有关数据编制会计报表

（1）总账及有关明细账的期末余额（或者账户发生额及余额试算平衡表）。

（2）根据 2021 年年末资产负债表（见图表 2.12）期末余额，填制本期资产负债表的年初余额。

（3）2022 年 1—4 月有关损益类账户累计发生额资料如图表 2.13 所示。

图表 2.12

资产负债表

会小企 01 表

编制单位：佛山市乐华皮具有限公司　　2021 年 12 月 31 日　　单位：元

资产	期末余额	年初余额	负债和所有者权益	期末余额	年初余额
流动资产：			流动负债：		
货币资金	1 016 544.00		短期借款	200 000.00	
应收票据			应付票据		
应收账款	36 000.00		应付账款	200 000.00	
预付账款	2 000.00		预收账款	192 300.00	
应收股利			应付职工薪酬	80 000.00	
应收利息			应交税费	12 000.00	
其他应收款	4 000.00		应付利息	8 500.00	
存货	300 600.00		应付利润	244 444.00	
流动资产合计	1 359 144.00		其他应付款	32 000.00	
非流动资产：			流动负债合计	969 244.00	
长期股权投资			非流动负债：		
固定资产原价	4 600 000.00		长期借款	500 000.00	
减：累计折旧	−749 900.00		非流动负债合计	500 000.00	
在建工程			负债合计	1 469 244.00	
工程物资			所有者权益：		
固定资产清理			实收资本（或股本）	3 500 000.00	
无形资产			资本公积	100 000.00	
开发支出			盈余公积	40 000.00	
长期待摊费用			未分配利润	100 000.00	
非流动资产合计	3 850 100.00		所有者权益合计	3 740 000.00	
资产合计	5 209 244.00		负债和所有者权益合计	5 209 244.00	

单位负责人：乐华　　会计主管：李琦　　制表人：管彰

图表 2.13

2022 年 1—4 月有关损益类账户累计发生额

单位：元

账户	借方累计发生额	贷方累计发生额
主营业务收入		1 247 000.00
主营业务成本	660 000.00	
销售费用	52 000.00	
税金及附加	10 000.00	
其他业务收入		64 000.00
其他业务成本	50 000.00	
管理费用	48 000.00	
财务费用		
营业外收入		7 000.00
营业外支出	8 000.00	
所得税费用	12 250.00	

2. 具体操作步骤

（1）运用总账试算平衡表、2021 年年末资产负债表及 2022 年 5 月 31 日有关账户余额编制资产负债表。

（2）运用 2022 年 1—4 月损益类账户累计发生额及 5 月损益类账户发生额编制利润表。

3. 具体要求

（1）根据本资料所附的报表格式编制简易会计报表。

（2）编制后应填列会计报表封面。

（3）将资产负债表和利润表装订成册。

项目 2

手工综合项目实训资料

根据本模块项目 1 任务 2～任务 4 的相关资料填制原始凭证，进行账务处理，并编制资产负债表和利润表。

佛山市乐华皮具有限公司 2022 年 5 月 1—31 日发生经济业务的原始凭证如下。

（1）相关原始凭证如图表 2.14 和图表 2.15 所示。

图表 2.14

现金支票正面

中国工商银行
现金支票存根（粤）

EC/02 03666632

附加信息

出票日期　年　月　日

收款人：

金　额：

用　途：

单位主管　会计

本支票付款期限十天

中国工商银行　现金支票（粤）　EC/02 03666632

出票日期（大写）　年　月　日　付款行名称：工行佛山市新城区支行

收款人：　出票人账号：4002123596217954312

人民币（大写）	亿	千	百	十	万	千	百	十	元	角	分

用途

上列款项请从

我账户内支付

出票人签章　复核　记账

图表 2.15

现金支票背面

<table>
<tr><td rowspan="2">附加信息：</td><td>被背书人</td><td>被背书人</td><td rowspan="2">粘
贴
单
处</td><td rowspan="2">根据《中华人民共和国票据法》等法律法规的规定，签发空头支票由中国人民银行处以票面金额 5%但不低于 1 000 元的罚款。</td></tr>
<tr><td>背书人签章
年 月 日</td><td>背书人签章
年 月 日</td></tr>
</table>

（2）相关原始凭证如图表 2.16～图表 2.21 所示。

图表 2.16

物资采购审批表

申购单位： 年 月 日 编号：

物资名称	规格型号	单位	计划用量	申购数量	单价	金额	用途
审批人					合 计		

审核： 采购部门审签： 经办人：

图表 2.17

4400223130

广东增值税专用发票

发 票 联

（全国统一发票监制章：国家税务总局 广东）

No 03186742

开票日期：2022 年 05 月 02 日

购买方	名　　称：佛山市乐华皮具有限公司 纳税人识别号：91220082002868799U 地 址、电 话：佛山市新城区中山九路 12 号 0757-83000025 开户行及账号：工行佛山市新城区支行 4002123596217954312				密码区	（略）	
货物或应税劳务、服务名称	规格型号	单位	数 量	单 价	金 额	税率	税 额
*其他纺织制品*里布		米	12 000	5.00	60 000.00	13%	7 800.00
合　　计					¥60 000.00		¥7 800.00
价税合计（大写）	⊗陆万柒仟捌佰圆整				（小写）¥67 800.00		
销售方	名　　称：云浮市七星纺织公司 纳税人识别号：91440500489563215J 地 址、电 话：云浮市沿革路 10 号 0766-68004390 开户行及账号：农行云浮市沿革路支行 34002255711124256				备注	云浮市七星纺织公司 91440500489563215J 发票专用章	

收款人：刘霞飞　　复核：邓明　　开票人：李敏　　销售方：（章）

第三联：发票联 购买方记账凭证

图表 2.18

4400223130

广东增值税专用发票

抵 扣 联

（全国统一发票监制章：国家税务总局 广东）

No 03186742

开票日期：2022 年 05 月 02 日

购买方	名　　称：佛山市乐华皮具有限公司 纳税人识别号：91220082002868799U 地 址、电 话：佛山市新城区中山九路 12 号 0757-83000025 开户行及账号：工行佛山市新城区支行 4002123596217954312				密码区	（略）	
货物或应税劳务、服务名称	规格型号	单位	数 量	单 价	金 额	税率	税 额
*其他纺织制品*里布		米	12 000	5.00	60 000.00	13%	7 800.00
合　　计					¥60 000.00		¥7 800.00
价税合计（大写）	⊗陆万柒仟捌佰圆整				（小写）¥67 800.00		
销售方	名　　称：云浮市七星纺织公司 纳税人识别号：91440500489563215J 地 址、电 话：云浮市沿革路 10 号 0766-68004390 开户行及账号：农行云浮市沿革路支行 34002255711124256				备注	云浮市七星纺织公司 91440500489563215J 发票专用章	

收款人：刘霞飞　　复核：邓明　　开票人：李敏　　销售方：（章）

第二联：抵扣联 购买方扣税凭证

图表 2.19

收 料 单

供货单位：　　　　　　　　　　　　　　　　　　　　　　　　　　编号：

发票号码：　　　　　　　　　年　月　日　　　　　　　　　　　　库号：

材料编号	材料名称	规格	单位	数量		实际成本				备注
				应收	实收	单价	发票金额	运杂费用	合计	
合计										

采购人：　　　　检验员：　　　　记账员：　　　　保管员：

图表 2.20

中国工商银行
转账支票存根（粤）

EC
0 2　05666656

附加信息

出票日期　年　月　日

收款人：

金　额：

用　途：

单位主管　　会计

本支票付款期限十天

中国工商银行　转账支票（粤）　　EC 0 2　05666656

出票日期（大写）　年　月　日　　付款行名称：工行佛山市新城区支行

收款人：　　　　　　　　　　　　出票人账号：4002123596217954312

人民币（大写）	亿	千	百	十	万	千	百	十	元	角	分

用途＿＿＿＿＿

上列款项请从

我账户内支付

出票人签章　　　　　　　　　　复核　　记账

图表 2.21

物资采购报销单

采购部门（单位：　　）　　　　年　月　日　　　　附原始凭证　张

物资名称	规格型号	单位	采购数量	单价	金额	运杂费	其他	合计
审批人				合 计				

审核：　　　　采购部门审签：　　　　经办人：

（3）相关原始凭证如图表 2.22～图表 2.28 所示。

图表 2.22

佛山市乐华皮具有限公司差旅费报销单

附单据 7 张　　　　2022 年 5 月 2 日

摘　　要	金额									单位主管指示：同意　乐华　2022-5-2
	百	十	万	千	百	十	元	角	分	
预借款数额				2	5	0	0	0	0	
各项支出	金额									
	百	十	万	千	百	十	元	角	分	审核意见：同意　李琦　2022-5-2
1．车船费（火车票、汽车票、飞机票等）					1	0	0	0	0	
2．交通费（市内）（ 1 人　4 天）					1	7	6	8	0	
3．住宿费（ 1 人　3 天）				1	1	1	3	0	0	
4．补助费（ 1 人　4 天，每天 20 元）						8	0	0	0	科室意见：同意　管彰　2022-5-2
5．杂支					7	6	3	2	0	
6．房租奖励补贴（　人　天）										
合计			¥	2	2	3	3	0	0	
各项支出合计（大写）	零 万 贰 仟 贰 佰 叁 拾 叁 元 零 角 零 分									报销人：王琳　2022-5-2
应补领数（大写）	万　仟　佰　拾　元　角　分									
应退还数（大写）	零 万 零 仟 贰 佰 陆 拾 柒 元 零 角 零 分									

说明：①出差时间为 04 月 28 日至 05 月 01 日　②出差地点：佛山市至珠海市　共 4 天

图表 2.23

收　　据

年　月　日　　　　No 0023423

今收到
金额（大写）　万　仟　佰　拾　元　角　分（¥　　　　）
单位盖章

第三联　记账

负责人：　　会计：　　出纳：　　记账：

图表 2.24

F045465　　　　　　　　　佛山西站售
2022 年 04 月 28 日 07:15 开　　09 车 21 号
¥50.00　　　　　　　　　　二等座

佛山西站 —BG832 次→ **珠海**

限乘当日当车次
3215021965****0012　王琳　**和谐号**
买票请到 12306 发货请到 95306
23693000480201k045465

Z043115　　　　　　　　　佛山西站售
2022 年 05 月 01 日 15:30 开　　05 车 12 号
¥50.00　　　　　　　　　　二等座

珠海 —BG6172 次→ **佛山西站**

限乘当日当车次
3215021965****0012　王琳　**和谐号**
买票请到 12306 发货请到 95306
6583100050208k043115

图表 2.25

4400223130　　　　**广东增值税专用发票**

发票联

（印章：全国统一发票监制章 广东 国家税务总局监制）

No 03273167

开票日期：2022 年 05 月 01 日

购买方	名　　称：佛山市乐华皮具有限公司 纳税人识别号：91220082002868799U 地 址、电 话：佛山市新城区中山九路 12 号 0757-83000025 开户行及账号：工行佛山市新城区支行 4002123596217954312				密码区	（略）		
货物或应税劳务、服务名称		规格型号	单位	数　量	单　价	金　额	税率	税　额
*住宿服务*住宿费			晚	3	350.00	1 050.00	6%	63.00
合　　计						¥1 050.00		¥63.00
价税合计（大写）		⊗壹仟壹佰壹拾叁圆整				（小写）¥1 113.00		
销售方	名　　称：珠海市恒天大酒店 纳税人识别号：91449654MA789NL42Q 地 址、电 话：珠海市斗门区北江路 10 号 0756-38004390 开户行及账号：农行珠海市北江路支行 44002255711124256				备注	（印章：珠海市恒天大酒店 91449654MA789NL42Q 发票专用章）		

收款人：刘名　　复核：明勋　　开票人：李礼　　销售方：（章）

第三联：发票联　购买方记账凭证

图表 2.26

4400223130

广东增值税专用发票

抵扣联

No 03273167

开票日期：2022 年 05 月 01 日

购买方		密码区
购买方	名 称：佛山市乐华皮具有限公司 纳税人识别号：91220082002868799U 地 址、电 话：佛山市新城区中山九路 12 号 0757-83000025 开户行及账号：工行佛山市新城区支行 4002123596217954312	（略）

货物或应税劳务、服务名称	规格型号	单位	数 量	单 价	金 额	税率	税 额
*住宿服务*住宿费		晚	3	350.00	1 050.00	6%	63.00
合 计					¥1 050.00		¥63.00
价税合计（大写）	⊗壹仟壹佰壹拾叁圆整				（小写）¥1 113.00		

销售方		备注
销售方	名 称：珠海市恒天大酒店 纳税人识别号：91449654MA789NL42Q 地 址、电 话：珠海市斗门区北江路 10 号 0756-38004390 开户行及账号：农行珠海市北江路支行 44002255711124256	珠海市恒天大酒店 91449654MA789NL42Q 发票专用章

收款人：刘名　　复核：明勋　　开票人：李礼　　销售方：（章）

第二联：抵扣联 购买方扣税凭证

图表 2.27

广东增值税电子普通发票

发票代码：044002200111

发票号码：81966722

开票日期：2022-05-01

校验码：17884 53474 57499 91611

机器编号：412348795834

购买方		密码区
购买方	名 称：佛山市乐华皮具有限公司 纳税人识别号：91220082002868799U 地 址、电 话：佛山市新城区中山九路 12 号 0757-83000025 开户行及账号：工行佛山市新城区支行 4002123596217954312	（略）

货物或应税劳务、服务名称	规格型号	单位	数 量	单 价	金 额	税率	税 额
*运输服务*客运服务费			1	171.65	171.65	3%	5.15
合 计							
价税合计（大写）	⊗壹佰柒拾陆圆捌角整				（小写）¥176.80		

销售方		备注
销售方	名 称：滴滴出行科技有限公司 纳税人识别号：91444512MA6IESO78Y 地 址、电 话：佛山市南海高新区综合楼办公室 C 座 201 室 开户行及账号：招行佛山市高新区支行 45213789621451251234 5	滴滴出行科技有限公司 91444512MA6IESO78Y 发票专用章

收款人：吴明　　复核：李辉　　开票人：丁好　　销售方：（章）

图表 2.28

4400223330　　广东增值税普通发票　　发票联

No 01157856

开票日期：2022 年 05 月 01 日

购买方	名　称：佛山市乐华皮具有限公司 纳税人识别号：91220082002868799U 地 址、电 话：佛山市新城区中山九路 12 号 0757-83000025 开户行及账号：工行佛山市新城区支行 4002123596217954312				密码区	（略）		
货物或应税劳务、服务名称	规格型号	单位	数　量	单　价	金　额	税率	税　额	
*餐饮服务*餐费				720.00	720.00	6%	43.20	
合　计					¥720.00		¥43.20	
价税合计（大写）	⊗柒佰陆拾叁圆贰角整				（小写）¥763.20			
销售方	名　称：珠海市财神酒店有限公司 纳税人识别号：914412564149677168 地 址、电 话：珠海市斗门区江琴路 123 号 0756-38090430 开户行及账号：工行珠海市江琴路支行 4022557111402425123				备注	珠海市财神酒店有限公司 914412564149677168 发票专用章		

收款人：陈雪　　复核：季华　　开票人：谭佳　　销售方：（章）

第三联：发票联　购买方记账凭证

（4）相关原始凭证如图表 2.29 所示。

图表 2.29

收　料　单

供货单位：　　　　　　　　　　　　编号：

发票号码：　　　年　月　日　　　　库号：

材料编号	材料名称	规格	单位	数量		实际成本				备注
				应收	实收	单价	发票金额	运杂费用	合计	
合计										

采购人：　　检验员：　　记账员：　　保管员：

（5）相关原始凭证如图表 2.30～图表 2.33 所示。

图表 2.30

购销合同（简表）

2022 年 5 月 3 日　　　　No 101

购买方	百安居连锁经营有限责任公司	地址：广州市中山路 12 号		纳税人识别号	9122008200283900X0
		电话：020-85764124		开户银行及账号	建行广州市中山路营业部 45960021224258223456
销售方	佛山市乐华皮具有限公司	地址：佛山市新城区中山九路 12 号		纳税人识别号	91220082002868799U
		电话：0757-83000025		开户银行及账号	工行佛山市新城区支行 4002123596217954312
货物	品名	单位	数量	单价（不含税）	金额（不含税）
	女士手拿包	个	1 000	65.00	65 000.00
	背包	个	400	100.00	40 000.00
	合计				¥105 000.00
结算方式	电汇	运费承担方式	购买方承担，货到付款		
销售产品发货单号	No 501	销售主管	肖军	制单	李阳
备注	取得电汇凭证（收账通知）联				

图表 2.31

4400223130

广东增值税专用发票

此联不作报销、扣税凭证使用

No 03256756

开票日期：　　年　月　日

购买方	名　　称： 纳税人识别号： 地 址、电 话： 开户行及账号：				密码区	（略）	
货物或应税劳务、服务名称	规格型号	单位	数　量	单　价	金　额	税率	税　额
合　　计							
价税合计（大写）					（小写）		
销售方	名　　称：佛山市乐华皮具有限公司 纳税人识别号：91220082002868799U 地 址、电 话：佛山市新城区中山九路 12 号 0757-83000025 开户行及账号：工行佛山市新城区支行 4002123596217954312				备注	佛山市乐华皮具有限公司 91220082002868799U 发票专用章	

收款人：钱前　　复核：李琦　　开票人：管彰　　销售方：（章）

第一联：记账联　销售方记账凭证

图表 2.32

商品出库单

购货单位：百安居连锁经营有限责任公司　　　　2022 年 5 月 3 日　　　　No 501

商品规格型号	商品名称	单位	出库数量	单位成本	总成本	备注
	女士手拿包	个	1 000			
	背包	个	400			
合计						

主管：李琦　　保管员：刘湘　　提货人：石岩　　制单：李阳　　会计：

图表 2.33

中国工商银行 电汇凭证（收账通知）　4

2022 年 5 月 3 日　　　　No XV 17894493

付款人	全称	百安居连锁经营有限责任公司		收款人	全称	佛山市乐华皮具有限公司
	账号	45960021224258223456			账号	40021235962179 54312
	汇出地址	广州市	汇出行名称：建行广州市中山路营业部		汇入地址	佛山市　汇入行名称：工行佛山市新城区支行
金额	人民币（大写）壹拾壹万捌仟陆佰伍拾元整					千 百 十 万 千 百 十 元 角 分：¥ 1 1 8 6 5 0 0 0
汇款用途：货款						
单位主管　会计　复核　记账						中国工商银行股份有限公司 佛山市新城区支行 2022.05.03 业务办理章 汇入行盖章 2022 年 5 月 3 日

此联是汇入行交给收款人的回单

（6）相关原始凭证如图表 2.34 所示。

图表 2.34

发出材料汇总表

年　月　日　　　　金额单位：元

用途	里布			五金件			PU 超纤维			合计
	数量	单价	金额	数量	单价	金额	数量	单价	金额	金额
生产女士手拿包										
生产背包										
车间一般消耗										
管理部门耗用										
销售部门耗用										
合计										

复核：　　　　制单：

（7）相关原始凭证如图表 2.35 所示。

图表 2.35

中国工商银行 电汇凭证（收账通知） 4

2022 年 5 月 5 日　　　　No XV 17894502

<table>
<tr><td rowspan="3">付款人</td><td>全称</td><td colspan="3">中山市光明有限责任公司</td><td rowspan="3">收款人</td><td>全称</td><td colspan="10">佛山市乐华皮具有限公司</td></tr>
<tr><td>账号</td><td colspan="3">4212242582596002123</td><td>账号</td><td colspan="10">4002123596217954312</td></tr>
<tr><td>汇出地址</td><td>中山市</td><td>汇出行名称</td><td>工行中山市中山路支行</td><td>汇入地址</td><td colspan="3">佛山市</td><td colspan="3">汇入行名称</td><td colspan="4">工行佛山市新城区支行</td></tr>
<tr><td rowspan="2" colspan="2">金额</td><td rowspan="2" colspan="5">人民币（大写）伍万贰仟元整</td><td>千</td><td>百</td><td>十</td><td>万</td><td>千</td><td>百</td><td>十</td><td>元</td><td>角</td><td>分</td></tr>
<tr><td></td><td></td><td>¥</td><td>5</td><td>2</td><td>0</td><td>0</td><td>0</td><td>0</td><td>0</td></tr>
<tr><td colspan="7">汇款用途：货款</td><td colspan="10" rowspan="2">中国工商银行股份有限公司
佛山市新城区支行
★ 2022.05.05 ★
业务办理章
汇入行盖章
2022 年 5 月 5 日</td></tr>
<tr><td colspan="7">单位主管　　会计　　复核　　记账</td></tr>
</table>

此联是汇入行交给收款人的回单

（8）相关原始凭证如图表 2.36～图表 2.39 所示。

图表 2.36

付款审批单

部门：采购部　　　　2022 年 5 月 5 日

经手人		事由	
项目	金额（元）	付款方式	备注
财务软件	50 880.00	托收承付	
合计	50 880.00	大写金额	伍万零捌佰捌拾元整
单位负责人审批	财务主管	部门领导	出纳
乐华	李琦	李莎	钱前

图表 2.37

4400223130

广东增值税专用发票

发票联

No 04200741

开票日期：2022 年 05 月 05 日

购买方	名　　　称：佛山市乐华皮具有限公司 纳税人识别号：91220082002868799U 地 址、电 话：佛山市新城区中山九路 12 号 0757-83000025 开户行及账号：工行佛山市新城区支行 4002123596217954312					密码区	（略）	
货物或应税劳务、服务名称	规格型号	单位	数　量	单　价	金　额	税率	税　额	
*其他应用软件产品*财务软件			1	48 000.00	48 000.00	6%	2 880.00	
合　　　计					¥48 000.00		¥2 880.00	
价税合计（大写）	⊗伍万零捌佰捌拾圆整				（小写）¥50 880.00			
销售方	名　　　称：佛山市友易软件技术有限公司 纳税人识别号：911201119246678745 地 址、电 话：佛山市禅城区华兴路 21 号 0757-28289178 开户行及账号：农行佛山市禅城区支行 46189721236987452					备注	佛山市友易软件技术有限公司 911201119246678745 发票专用章	

收款人：　　复核：潘龙　　开票人：何莲　　销售方：（章）

第三联：发票联 购买方记账凭证

图表 2.38

4400223130

广东增值税专用发票

抵扣联

No 04200741

开票日期：2022 年 05 月 05 日

购买方	名　　　称：佛山市乐华皮具有限公司 纳税人识别号：91220082002868799U 地 址、电 话：佛山市新城区中山九路 12 号 0757-83000025 开户行及账号：工行佛山市新城区支行 4002123596217954312					密码区	（略）	
货物或应税劳务、服务名称	规格型号	单位	数　量	单　价	金　额	税率	税　额	
*其他应用软件产品*财务软件			1	48 000.00	48 000.00	6%	2 880.00	
合　　　计					¥48 000.00		¥2 880.00	
价税合计（大写）	⊗伍万零捌佰捌拾圆整				（小写）¥50 880.00			
销售方	名　　　称：佛山市友易软件技术有限公司 纳税人识别号：911201119246678745 地 址、电 话：佛山市禅城区华兴路 21 号 0757-28289178 开户行及账号：农行佛山市禅城区支行 46189721236987452					备注	佛山市友易软件技术有限公司 911201119246678745 发票专用章	

收款人：　　复核：潘龙　　开票人：何莲　　销售方：（章）

第二联：抵扣联 购买方扣税凭证

图表 2.39

中国工商银行 托收凭证（付款通知） 5 No 1208041544

委托日期 2022 年 5 月 5 日 付款日期 2022 年 5 月 5 日

业务类型	委托收款（□邮划 □电划）				托收承付（□邮划 ☑ 电划）															
付款人	全称	佛山市乐华皮具有限公司			收款人	全称	佛山市友易软件技术有限公司													
	账号	4002123596217954312				账号	46189721236987452													
	地址	佛山市	开户行	工行佛山市新城区支行		地址	佛山市	开户行	农行佛山市禅城区支行											
金额	人民币（大写）	伍万零捌佰捌拾元整								亿	千	百	十	万	千	百	十	元	角	分
													¥	5	0	8	8	0	0	0
款项内容	货款	托收凭证名称	增值税专用发票		附寄单证张数	2														
商品发运情况	已发运		合同号码																	

备注： 付款人开户银行收到日期 2022 年 5 月 5 日 复核 记账	中国工商银行股份有限公司 佛山市新城区支行 ★ 2022.05.05 ★ 业务办理章 付款人开户银行签章 2022 年 5 月 5 日	付款人注意： （1）根据《支付结算办法》的有关规定，上列委托收款（托收承付）款项在付款期限内未提出拒付，即视为同意付款，以此代付款通知。 （2）如需提出部分或全部拒付，应在规定期限内将拒付理由书并附债务证明退交开户银行。

此联是付款人开户银行交给付款人的付款通知

（9）相关原始凭证如图表 2.40～图表 2.45 所示。

图表 2.40

物资采购审批表

申购单位： 年 月 日 编号：

物资名称	规格型号	单位	计划用量	申购数量	单价	金额	用途
审批人					合 计		

审核： 采购部门审签： 经办人：

图表 2.41

4400223130

广东增值税专用发票

发票联

No 05256749

开票日期：2022 年 05 月 08 日

购买方	名　　称：佛山市乐华皮具有限公司 纳税人识别号：91220082002868799U 地 址、电 话：佛山市新城区中山九路 12 号 0757-83000025 开户行及账号：工行佛山市新城区支行 4002123596217954312				密码区	（略）	
货物或应税劳务、服务名称	规格型号	单位	数　量	单　价	金　额	税率	税　额
*平板显示器件生产设备*生产机器设备		台	1	300 000.00	300 000.00	13%	39 000.00
合　　计					¥300 000.00		¥39 000.00
价税合计（大写）	⊗叁拾叁万玖仟圆整				（小写）¥339 000.00		
销售方	名　　称：肇庆市星艺机械公司 纳税人识别号：91445623MA4X12T452 地 址、电 话：肇庆市端州路 8 号 0758-68430090 开户行及账号：建行肇庆市端州路支行 42540025786129743456				备注	肇庆市星艺机械公司 91445623MA4X12T452 发票专用章	

收款人：刘明　　复核：李佳　　开票人：邓飞　　销售方：（章）

第三联：发票联 购买方记账凭证

图表 2.42

4400223130

广东增值税专用发票

抵扣联

No 05256749

开票日期：2022 年 05 月 08 日

购买方	名　　称：佛山市乐华皮具有限公司 纳税人识别号：91220082002868799U 地 址、电 话：佛山市新城区中山九路 12 号 0757-83000025 开户行及账号：工行佛山市新城区支行 4002123596217954312				密码区	（略）	
货物或应税劳务、服务名称	规格型号	单位	数　量	单　价	金　额	税率	税　额
*平板显示器件生产设备*生产机器设备		台	1	300 000.00	300 000.00	13%	39 000.00
合　　计					¥300 000.00		¥39 000.00
价税合计（大写）	⊗叁拾叁万玖仟圆整				（小写）¥339 000.00		
销售方	名　　称：肇庆市星艺机械公司 纳税人识别号：91445623MA4X12T452 地 址、电 话：肇庆市端州路 8 号 0758-68430090 开户行及账号：建行肇庆市端州路支行 42540025786129743456				备注	肇庆市星艺机械公司 91445623MA4X12T452 发票专用章	

收款人：刘明　　复核：李佳　　开票人：邓飞　　销售方：（章）

第二联：抵扣联 购买方扣税凭证

图表 2.43

业务回单（付款）

入账日期：20220508　　回单编号：4410425162867187232 6

付款方账号：4002123596217954312

付款方户名：佛山市乐华皮具有限公司　　付款方开户行：工行佛山市新城区支行

收款方账号：42540025786129743456

收款方户名：肇庆市星艺机械公司　　收款方开户行：建行肇庆市端州路支行

币种：人民币　　金额：339 000.00 元

金额（大写）：叁拾叁万玖仟元整

交易时间：14:23:41　　日志号：508798417　　状态：正常　　摘要：转账取款　　渠道：网上银行

打印时间：20220508　　用户：李琦　　打印行号：102588001289

备注：设备款

提示：如用途显示为退汇交易，则付款人为原汇出交易的收款人，收款人为原汇出交易的付款人。

中国工商银行股份有限公司 44104251628671872326 回单专用章

第 1 次打印

图表 2.44

固定资产验收单

2022 年 5 月 8 日

固定资产名称	单位	数量	建造日期	价格	预计使用年限	净残值率	使用部门
生产机器设备	台	1			10	1%	车间办
备注							

主管：刘湘　　制单：李阳

图表 2.45

物资采购报销单

采购部门（单位：　　）　　年　月　日　　附原始凭证　张

物资名称	规格型号	单位	采购数量	单价	金额	运杂费	其他	合计
审批人				合计				

审核：　　采购部门审签：　　经办人：

（10）相关原始凭证如图表 2.46～图表 2.49 所示。

图表 2.46

费用报销审批单

部门：　　　　　　　　　　　　　年　月　日

经手人		事由		
项目	金额（元）	付款方式	备注	
合计				
公司领导审批	财务主管	部门领导	出纳	经手人

图表 2.47

4400223330

广东增值税普通发票

发票联

№ 04256779

开票日期：2022 年 05 月 09 日

购买方	名称：佛山市乐华皮具有限公司 纳税人识别号：91220082002868799U 地址、电话：佛山市新城区中山九路 12 号 0757-83000025 开户行及账号：工行佛山市新城区支行 4002123596217954312	密码区	（略）				
货物或应税劳务、服务名称	规格型号	单位	数量	单价	金额	税率	税额
*安装服务*安装费			1	3 000.00	3 000.00	3%	90.00
合计					¥3 000.00		¥90.00
价税合计（大写）	⊗叁仟零玖拾圆整				（小写）¥3 090.00		
销售方	名称：佛山市澜石安装公司 纳税人识别号：911201141260102022 地址、电话：佛山市顺德区桂畔路 56 号 0757-28912894 开户行及账号：农行佛山市顺德支行 44893698745236524	备注	佛山市澜石安装公司 911201141260102022 发票专用章				

收款人：　　　　复核：曾诚　　　　开票人：范黎　　　　销售方：（章）

第三联：发票联　购买方记账凭证

图表 2.48

中国工商银行 电汇凭证（回单） 1

No XV 17894511

☑ 普通 □加急		委托日期 2022 年 5 月 9 日			
付款人	全称	佛山市乐华皮具有限公司	收款人	全称	佛山市澜石安装公司
	账号	4002123596217954312		账号	44893698745236524
	汇出地址	广东省佛山市/县		汇入地址	广东省佛山市/县
汇出行名称		工行佛山市新城区支行	汇入行名称		农行佛山市顺德支行
金额	人民币（大写）叁仟零玖拾元整			亿 千 百 十 万 千 百 十 元 角 分	¥ 3 0 9 0 0 0
中国工商银行股份有限公司 佛山市新城区支行 ★ 2022.05.09 ★ 业务办理章 汇出行盖章			支付密码		
			附加信息及用途 货款 复核 记账		

此联是汇出行交给汇款人的回单

图表 2.49

固定资产交接单

2022 年 5 月 9 日

移交单位	采购部	接收单位	生产车间
固定资产名称	生产设备	规格	
技术特征		数量	1 台
附属物			
建造企业		出厂或建成年月	
安装单位	佛山市澜石安装公司	安装完工年月	2022 年 5 月
原值	¥303 090.00 其中：安装费 ¥3 090.00		
移交单位负责人	李莎	接收单位负责人	陈均

（11）相关原始凭证如图表 2.50 所示。

图表 2.50

领　料　单

领料部门：　　　　　　　　　　　　　年　　月　　日　　　　　　　　　　　　仓库：仓 3

材料编号	材料名称	规格	单位	数量		实际成本			备注
				请领	实领	单位成本	金额	用途	
合计									

发料人：　　　　　　　检验员：　　　　　　　记账员：　　　　　　　领料人：

（12）相关原始凭证如图表 2.51 所示。

图表 2.51

中国工商银行　进账单（收账通知）　3

2022 年 5 月 10 日　　　　　　　　　　　　XV 16479715

付款人	全称	广州市新长工厂	收款人	全称	佛山市乐华皮具有限公司
	账号	40120200331100216		账号	4002123596217954312
	开户银行	农行广州市大德路支行		开户银行	工行佛山市新城区支行

金额	人民币（大写）	亿	千	百	十	万	千	百	十	元	角	分
	肆万捌仟元整				¥	4	8	0	0	0	0	0

票据种类	转账支票	票据张数	1
票据号码	03654320		

复核　　记账

中国工商银行股份有限公司
佛山市新城区支行
★ 2022.05.10 ★
业务办理章
交给银行后视为已盖章

此联是开户银行交给收款人的收账通知

（13）相关原始凭证如图表 2.52～图表 2.53 所示。

图表 2.52

电子缴税凭证

填发日期：20220510　　电子交易流水号：320180409000047584　　打印编号：4048

纳税人代码：91220082002868799U		征收机关：佛山市新城区国家税务局	
纳税人全称：佛山市乐华皮具有限公司		开户银行：工行佛山市新城区支行	
缴 款 账 号：480201040035506		国　　库：佛山市新城区支库	
税种（品目名称）	预算科目、预算级次	税收所属日期	实缴金额
增值税	014001	20220401-20220430	15 360.00
金额合计	（大写）壹万伍仟叁佰陆拾元整		¥15 360.00
备注	款项内容：扣缴税（费） 代理机构： 换开完税凭证号：	缴款日期：20220510 换开日期：	补制次数

中国工商银行股份有限公司
佛山市新城区支行
2022.05.10
转讫

主办：　　复核：　　经办：

注：①本凭证无银行转（收）讫章无效。

②本凭证可作为纳税人缴纳税款的会计核算凭证。

图表 2.53

电子缴税凭证

填发日期：20220510　　电子交易流水号：320180409000049845　　打印编号：4049

纳税人代码：91220082002868799U		征收机关：佛山市新城区国家税务局	
纳税人全称：佛山市乐华皮具有限公司		开户银行：工行佛山市新城区支行	
缴 款 账 号：480201040035506		国　　库：佛山市新城区支库	
税种（品目名称）	预算科目、预算级次	税收所属日期	实缴金额
企业所得税		20220401-20220430	14 000.00
城市维护建设税		20220401-20220430	1 075.20
教育费附加		20220401-20220430	460.80
地方教育附加		20220401-20220430	307.20
金额合计	（大写）壹万伍仟捌佰肆拾叁元贰角整		¥15 843.20
备注	款项内容：扣缴税（费） 代理机构： 换开完税凭证号：	缴款日期：20220510 换开日期：	补制次数

中国工商银行股份有限公司
佛山市新城区支行
2022.05.10
转讫

主办：　　复核：　　经办：

注：①本凭证无银行转（收）讫章无效。

②本凭证可作为纳税人缴纳税款的会计核算凭证。

（14）相关原始凭证如图表 2.54 所示。

图表 2.54

中国工商银行 电汇凭证（回单） 1　　　No XV 17894521

☑ 普通　☐加急　　委托日期 2022 年 5 月 11 日

<table>
<tr><td rowspan="3">付款人</td><td>全称</td><td>佛山市乐华皮具有限公司</td><td rowspan="3">收款人</td><td>全称</td><td>东莞市云峰有限公司</td></tr>
<tr><td>账号</td><td>4002123596217954312</td><td>账号</td><td>3215678658750881123</td></tr>
<tr><td>汇出地址</td><td>广东省佛山市/县</td><td>汇入地址</td><td>广东省东莞市/县</td></tr>
<tr><td colspan="2">汇出行名称</td><td>工行佛山市新城区支行</td><td colspan="2">汇入行名称</td><td>工行东莞市莞胡路支行</td></tr>
<tr><td>金额</td><td colspan="4">人民币（大写）肆万元整</td><td>亿 千 百 十 万 千 百 十 元 角 分
¥ 4 0 0 0 0 0 0</td></tr>
<tr><td colspan="3" rowspan="2">中国工商银行股份有限公司
佛山市新城区支行
★ 2022.05.11 ★
业务办理章
汇出行盖章</td><td colspan="2">支付密码</td><td></td></tr>
<tr><td colspan="3">附加信息及用途
货款
复核　　记账</td></tr>
</table>

此联是汇出行交给汇款人的回单

（15）相关原始凭证如图表 2.55～图表 2.57 所示。

图表 2.55

付款审批单

部门：销售部　　2022 年 5 月 12 日

经手人		事由	
项目	金额（元）	付款方式	备注
预借差旅费	1 000.00	现金	
合计	1 000.00	大写金额	壹仟元整
单位负责人审批	财务主管	部门领导	出纳
乐华	李琦	刘明	钱前

图表 2.56

佛山市乐华皮具有限公司借支单

年　月　日

借款人姓名		借款金额　万　仟　佰　拾　元　角　分	
借款事由		主管审批意见	
还款计划			批准金额：

签收：

图表 2.57

现金支出凭单

第　　号

附件　　张　　2022 年 5 月 12 日

对方科目编号	

用款事项：预借差旅费			
人民币（大写）壹仟元整　¥1 000.00		现金付讫	
收款人（签章）	主管人员 李琦（签章）	会计人员 管彰（签章）	出纳付讫 钱前（签章）

（16）相关原始凭证如图表 2.58～图表 2.61 所示。

图表 2.58

付款审批单

部门：企管部　　2022 年 5 月 12 日

经手人		事由	
项目	金额（元）	付款方式	备注
办公用品费	180.80	现金	
合计	180.80	大写金额	壹佰捌拾元捌角整
单位负责人审批	财务主管	部门领导	出纳
乐华	李琦	李莎	钱前

图表 2.59

4400223130

广东增值税专用发票

发票联

No 04266744

开票日期：2022 年 05 月 12 日

购买方	名　称：佛山市乐华皮具有限公司 纳税人识别号：91220082002868799U 地 址、电 话：佛山市新城区中山九路 12 号 0757-83000025 开户行及账号：工行佛山市新城区支行 4002123596217954312				密码区	（略）	
货物或应税劳务、服务名称	规格型号	单位	数　量	单　价	金　额	税率	税　额
*纸制品*打印纸		包	8	20.00	160.00	13%	20.80
合　　计					¥160.00		¥20.80
价税合计（大写）	⊗壹佰捌拾圆捌角整				（小写）¥180.80		
销售方	名　称：佛山市新盟文具店 纳税人识别号：91444568756872135D 地 址、电 话：佛山市乐从镇新桂路 27 号 0757-28921975 开户行及账号：农行佛山市新桂路支行 64564814548520181				备注	佛山市新盟文具店 91444568756872135D 发票专用章	

收款人：张敏　　复核：李毅　　开票人：李敏　　销售方：（章）

第三联：发票联　购买方记账凭证

图表 2.60

4400223130

广东增值税专用发票

抵扣联

No 04266744

开票日期：2022 年 05 月 12 日

购买方	名　称：佛山市乐华皮具有限公司 纳税人识别号：91220082002868799U 地 址、电 话：佛山市新城区中山九路 12 号 0757-83000025 开户行及账号：工行佛山市新城区支行 4002123596217954312				密码区	（略）	
货物或应税劳务、服务名称	规格型号	单位	数　量	单　价	金　额	税率	税　额
*纸制品*打印纸		包	8	20.00	160.00	13%	20.80
合　　计					¥160.00		¥20.80
价税合计（大写）	⊗壹佰捌拾圆捌角整				（小写）¥180.80		
销售方	名　称：佛山市新盟文具店 纳税人识别号：91444568756872135D 地 址、电 话：佛山市乐从镇新桂路 27 号 0757-28921975 开户行及账号：农行佛山市新桂路支行 64564814548520181				备注	佛山市新盟文具店 91444568756872135D 发票专用章	

收款人：张敏　　复核：李毅　　开票人：李敏　　销售方：（章）

第二联：抵扣联　购买方扣税凭证

图表 2.61

现金支出凭单

第　　号

附件　　张　　　　2022 年 5 月 12 日

对方科目编号	

用　款

事　项：购买办公用品（打印纸）

人民币

（大写）壹佰捌拾元捌角整　　¥180.80

现金付讫

收款人	主管人员 李琦	会计人员 管彰	出纳付讫 钱前
（签章）	（签章）	（签章）	（签章）

（17）相关原始凭证如图表 2.62～图表 2.63 所示。

图表 2.62

业务回单（付款）

入账日期：20220512　　回单编号：445050879871411717 20

付款方账号：4002123596217954312

付款方户名：佛山市乐华皮具有限公司　　付款方开户行：工行佛山市新城区支行

收款方账号：

收款方户名：　　收款方开户行：

币种：人民币　　金额：171 016.01 元

金额（大写）：壹拾柒万壹仟零壹拾陆元零壹分

交易时间：16:47:41　　日志号：508798417　　状态：正常　　摘要：转账取款　　渠道：网上银行

打印时间：20220512　　用户：李琦　　打印行号：102588001289

备注：发工资

提示：如用途显示为退汇交易，则付款人为原汇出交易的收款人，收款人为原汇出交易的付款人。

中国工商银行股份有限公司 44505087987141171720 回单专用章

第 1 次打印

图表 2.63

工资结算表

2022 年 4 月

部门	类别	姓名	基本工资	岗位工资	岗位津贴	应发合计	请假扣款	应付工资	上年度月平均工资	社会保险费				住房公积金	个税	实发工资
										养老	医疗	失业	小计			
企管部	管理人员	乐华	15 000	3 500	500	19 000	0	19 000	19 000	1 520.00	285.00	38.00	1 843.00	2 280.00	386.87	14 490.13
财务部	管理人员	李琦	8 000	3 000	500	11 500	0	11 500	11 500	920.00	172.50	23.00	1 115.50	1 380.00	90.13	8 914.37
财务部	管理人员	管彰	6 800	3 000	500	10 300	0	10 300	10 300	824.00	154.50	20.60	999.10	1 236.00	79.95	7 984.95
财务部	管理人员	钱前	7 500	3 000	500	11 000	30	10 970	10 970	877.60	164.55	21.94	1 064.09	1 316.40	92.68	8 496.83
采购部	管理人员	李莎	7 800	2 500	500	10 800	0	10 800	10 800	864.00	162.00	21.60	1 047.60	1 296.00	88.69	8 367.71
采购部	管理人员	王琳	6 500	2 500	500	9 500	0	9 500	9 500	760.00	142.50	19.00	921.50	1 140.00	43.15	7 395.35
销售部	销售总监	刘明	12 000	2 800	350	15 150	0	15 150	15 150	1 212.00	227.25	30.30	1 469.55	1 818.00	205.87	11 656.58
销售部	销售主管	肖军	10 000	2 800	350	13 150	0	13 150	13 150	1 052.00	197.25	26.30	1 275.55	1 578.00	158.89	10 137.56
销售部	销售人员	曾光	10 000	2 800	350	13 150	60	13 090	13 090	1 047.20	196.35	26.18	1 269.73	1 570.80	127.49	10 121.98
销售部	销售人员	麦成	9 500	2 800	350	12 650	0	12 650	12 650	1 012.00	189.75	25.30	1 227.05	1 518.00	132.14	9 772.81
仓储部	管理人员	刘湘	6 700	2 000	500	9 200	0	9 200	9 200	736.00	138.00	18.40	892.40	1 104.00	48.11	7 155.49
仓储部	管理人员	李阳	5 800	2 000	500	8 300	0	8 300	8 300	664.00	124.50	16.60	805.10	996.00	44.97	6 453.93
车间办	车间主任	王聪	6 800	2 000	500	9 300	0	9 300	9 300	744.00	139.50	18.60	902.10	1 116.00	68.46	7 213.44

续表

部门	类别	姓名	基本工资	岗位工资	岗位津贴	应发合计	请假扣款	应付工资	上年度月平均工资	社会保险费				住房公积金	个税	实发工资
										养老	医疗	失业	小计			
女士手拿包生产线	生产人员	陈均	7 500	2 000	350	9 850	15	9 835	9 835	786.80	147.53	19.67	954.00	1 180.20	81.03	7 619.77
女士手拿包生产线	生产人员	陈翔	6 500	2 000	350	8 850	0	8 850	8 850	708.00	132.75	17.70	858.45	1 062.00	3.89	6 925.66
女士手拿包生产线	生产人员	刘川	6 400	2 000	350	8 750	60	8 690	8 690	695.20	130.35	17.38	842.93	1 042.80	54.13	6 750.14
女士手拿包生产线	生产人员	陈数	6 000	2 000	350	8 350	0	8 350	8 350	668.00	125.25	16.70	809.95	1 002.00	46.15	6 491.90
女士手拿包生产线	生产人员	庄黎	5 800	2 000	350	8 150	75	8 075	8 075	646.00	121.13	16.15	783.28	969.00	39.69	6 283.03
背包生产线	生产人员	向凯	4 500	2 000	350	6 850	0	6 850	6 850	548.00	102.75	13.70	664.45	822.00	10.91	5 352.64
背包生产线	生产人员	欧阳珺	5 100	2 000	350	7 450	30	7 420	7 420	593.60	111.30	14.84	719.74	890.40	24.29	5 785.57
背包生产线	生产人员	林妙	7 500	2 000	350	9 850	0	9 850	9 850	788.00	147.75	19.70	955.45	1 182.00	66.38	7 646.17
合计			161 700	50 700	8 700	221 100	270	220 830	220 830	17 666.40	3 312.46	441.66	21 420.52	26 499.60	1 893.87	171 016.01

（18）相关原始凭证如图表 2.64～图表 2.67 所示。

图表 2.64

购销合同（简表）

2022 年 5 月 13 日　　No 102

购买方	广州市增城光明工厂	地址：广州市德广路 10 号	纳税人识别号	91441245MA1CLGPK41	
		电话：020-86004390	开户银行及账号	工行广州市林德路支行 4211000200331121123	
销售方	佛山市乐华皮具有限公司	地址：佛山市新城区中山九路 12 号	纳税人识别号	91220082002868799U	
		电话：0757-83000025	开户银行及账号	工行佛山市新城区支行 4002123596217954312	
货物	品名	单位	数量	单价（不含税）	金额（不含税）
	女士手拿包	个	800	65.00	52 000.00
	合计				¥52 000.00
结算方式	转账支票（08654321）	运费承担方式	购买方承担，货到付款		
销售产品发货单号	No 502	销售主管	肖军	制单	李阳
备注	取得转账支票（收账通知）联				

图表 2.65

4400223130

广东增值税专用发票

此联不作报销、扣税凭证使用

No 03256757

开票日期：　年　月　日

购买方	名称： 纳税人识别号： 地址、电话： 开户行及账号：			密码区	（略）		
货物或应税劳务、服务名称	规格型号	单位	数量	单价	金额	税率	税额
合计							
价税合计（大写）				（小写）			
销售方	名称：佛山市乐华皮具有限公司 纳税人识别号：91220082002868799U 地址、电话：佛山市新城区中山九路 12 号 0757-83000025 开户行及账号：工行佛山市新城区支行 4002123596217954312			备注	佛山市乐华皮具有限公司 91220082002868799U 发票专用章		

收款人：钱前　　复核：李琦　　开票人：管彰　　销售方：（章）

第一联：记账联　销售方记账凭证

图表 2.66

商品出库单

购货单位：广州市增城光明工厂　　　　2022 年 5 月 13 日　　　　No 502

商品规格型号	商品名称	单位	出库数量	单位成本	总成本	备注
	女士手拿包	个	800			
合计						

主管：李琦　　保管员：刘湘　　提货人：石岩　　制单：李阳　　会计：

图表 2.67

中国工商银行　进账单（收账通知）　3

2022 年 5 月 13 日　　　　XV 16479777

<table>
<tr><td rowspan="3">付款人</td><td>全称</td><td colspan="4">广州市增城光明工厂</td><td rowspan="3">收款人</td><td>全称</td><td colspan="11">佛山市乐华皮具有限公司</td></tr>
<tr><td>账号</td><td colspan="4">4211000200331121123</td><td>账号</td><td colspan="11">4002123596217954312</td></tr>
<tr><td>开户银行</td><td colspan="4">工行广州市林德路支行</td><td>开户银行</td><td colspan="11">工行佛山市新城区支行</td></tr>
<tr><td rowspan="2">金额</td><td rowspan="2">人民币（大写）</td><td colspan="6" rowspan="2">伍万捌仟柒佰陆拾元整</td><td>亿</td><td>千</td><td>百</td><td>十</td><td>万</td><td>千</td><td>百</td><td>十</td><td>元</td><td>角</td><td>分</td></tr>
<tr><td></td><td></td><td></td><td>¥</td><td>5</td><td>8</td><td>7</td><td>6</td><td>0</td><td>0</td><td>0</td></tr>
<tr><td colspan="2">票据种类</td><td>转账支票</td><td>票据张数</td><td>1</td><td colspan="14" rowspan="3">中国工商银行股份有限公司
佛山市新城区支行
★ 2022.05.13 ★
业务办理章
交给银行后视为已盖章</td></tr>
<tr><td colspan="2">票据号码</td><td colspan="3">08654321</td></tr>
<tr><td colspan="5">复核　　记账</td></tr>
</table>

此联是开户银行交给收款人的收账通知

（19）相关原始凭证如图表 2.68～图表 2.72 所示。

图表 2.68

物资采购审批表

申购单位：　　　　年　月　日　　　　编号：

物资名称	规格型号	单位	计划用量	申购数量	单价	金额	用途
审批人					合　计		

审核：　　　　采购部门审签：　　　　经办人：

图表 2.69

广东增值税专用发票

发票联

4400223130　　　　No 03556786

开票日期：2022 年 05 月 15 日

购买方	名　　称：佛山市乐华皮具有限公司 纳税人识别号：91220082002868799U 地 址、电 话：佛山市新城区中山九路 12 号 0757-83000025 开户行及账号：工行佛山市新城区支行 4002123596217954312	密码区	（略）

货物或应税劳务、服务名称	规格型号	单位	数　量	单　价	金　额	税率	税　额
*金属制品*五金件		套	8 000	9.90	79 200.00	13%	10 296.00
合　　计					¥79 200.00		¥10 296.00
价税合计（大写）	⊗捌万玖仟肆佰玖拾陆圆整				（小写）¥89 496.00		

销售方	名　　称：阿丫丫饰品有限公司 纳税人识别号：91447895125614598L 地 址、电 话：云浮市皇朝路 18 号 0766-68004390 开户行及账号：工行云浮市皇朝路支行 4400225571124567123	备注	阿丫丫饰品有限公司 91447895125614598L 发票专用章

收款人：李鹏飞　　复核：邓丽　　开票人：李想　　销售方：（章）

第三联：发票联　购买方记账凭证

图表 2.70

广东增值税专用发票

抵扣联

4400223130　　　　No 03556786

开票日期：2022 年 05 月 15 日

购买方	名　　称：佛山市乐华皮具有限公司 纳税人识别号：91220082002868799U 地 址、电 话：佛山市新城区中山九路 12 号 0757-83000025 开户行及账号：工行佛山市新城区支行 4002123596217954312	密码区	（略）

货物或应税劳务、服务名称	规格型号	单位	数　量	单　价	金　额	税率	税　额
*金属制品*五金件		套	8 000	9.90	79 200.00	13%	10 296.00
合　　计					¥79 200.00		¥10 296.00
价税合计（大写）	⊗捌万玖仟肆佰玖拾陆圆整				（小写）¥89 496.00		

销售方	名　　称：阿丫丫饰品有限公司 纳税人识别号：91447895125614598L 地 址、电 话：云浮市皇朝路 18 号 0766-68004390 开户行及账号：工行云浮市皇朝路支行 4400225571124567123	备注	阿丫丫饰品有限公司 91447895125614598L 发票专用章

收款人：李鹏飞　　复核：邓丽　　开票人：李想　　销售方：（章）

第二联：抵扣联　购买方扣税凭证

图表 2.71

广东省佛山市国家税务局通用机打卷式发票
发　票　联

发票代码
发票号码
云浮市顺风速运有限公司
开票日期：2022-05-15　　　　行业分类：运输业
收款单位：云浮市顺风速运有限公司
顾客名称：佛山市乐华皮具有限公司

项目	单位	单价	数量	金额
运杂费				800.00

小写合计：800.00
大写合计：捌佰元整
开票人：曾文贤
云浮市顺风速运有限公司 914405004892451XO2 发票专用章
开票单位（盖章）
本发票开具合计金额超过万元无效

图表 2.72

收　料　单

供货单位：　　　　　　　　　　　　　　　　编号：
发票号码：　　　　　年　　月　　日　　　　　库号：

材料编号	材料名称	规格	单位	数量		实际成本				备注
				应收	实收	单价	发票金额	运杂费用	合计	
合计										

采购人：　　　　检验员：　　　　记账员：　　　　保管员：

（20）相关原始凭证如图表 2.73～图表 2.78 所示。

图表 2.73

佛山市乐华皮具有限公司差旅费报销单

附单据 6 张　　　　2022 年 5 月 15 日

摘　要	金额									
	百	十	万	千	百	十	元	角	分	单位主管指示： 同意 乐华 2022-5-15
预借款数额				4	0	0	0	0	0	
各项支出	金额									
	百	十	万	千	百	十	元	角	分	审核意见： 同意 李琦 2022-5-15
1．车船费（火车票、汽车票、飞机票等）						3	0	0	0	
2．交通费（市内）（　人　天）										
3．住宿费（ 1 人 14 天）				3	7	1	0	0	0	
4．补助费（ 1 人 15 天，每天 40 元）					6	0	0	0	0	科室意见： 同意 管彰 2022-5-15
5．杂支						4	0	0	0	
6．房租奖励补贴（　人　天）										
合计			¥	4	3	8	0	0	0	
各项支出合计（大写）	零 万 肆 仟 叁 佰 捌 拾 零 元 零 角 零 分									报销人： 李莎 2022-5-15
应补领数（大写）	零 万 零 仟 叁 佰 捌 拾 零 元 零 角 零 分									
应退还数（大写）	万　仟　佰　拾　元　角　分									

说明：①出差时间为 04 月 30 日至 05 月 14 日 ②出差地点：佛山市至清远市　共 15 天

注：杂支发票略。

图表 2.74

收　据

年　月　日　　　　No 0023424

今收到
金额（大写）　万　仟　佰　拾　元　角　分（¥　　　）
单位盖章

第三联 记账

负责人：　　会计：　　出纳：　　记账：

图表 2.75

F045468	佛山西站售
2022 年 04 月 30 日 09:15 开	04 车 15 号
¥15.00	二等座
佛山西站 —BG838 次→ **清远**	
限乘当日当车次	
5501011982****0021　李莎	**和谐号**
买票请到 12306 发货请到 95306	
236930004854650201k04	

Q043115	佛山西站售
2022 年 05 月 14 日 11:30 开	05 车 18 号
¥15.00	二等座
清远 —BG6175 次→ **佛山西站**	
限乘当日当车次	
5501011982****0021　李莎	**和谐号**
买票请到 12306 发货请到 95306	
65831000k043115050208	

图表 2.76

4400223130

广东增值税专用发票

发票联

No 05556781

开票日期：2022 年 05 月 14 日

购买方	名　　称：佛山市乐华皮具有限公司 纳税人识别号：91220082002868799U 地 址、电 话：佛山市新城区中山九路 12 号 0757-83000025 开户行及账号：工行佛山市新城区支行 4002123596217954312				密码区	（略）	
货物或应税劳务、服务名称	规格型号	单位	数 量	单 价	金 额	税率	税 额
*住宿服务*住宿费		天	14	250.00	3 500.00	6%	210.00
合　　计					¥3 500.00		¥210.00
价税合计（大写）	⊗叁仟柒佰壹拾圆整				（小写）¥3 710.00		
销售方	名　　称：清远市七天连锁酒店 纳税人识别号：91441881315287325A 地 址、电 话：清远市清新区江北路 7 号 0763-58004390 开户行及账号：建行清远市江北路支行 42425400225571113456				备注	清远市七天连锁酒店 91441881315287325A 发票专用章	

收款人：全权　　　复核：周丽　　　开票人：李丽　　　销售方：（章）

第三联：发票联　购买方记账凭证

图表 2.77

4400223130

广东增值税专用发票

抵扣联

No 05556781

开票日期：2022 年 05 月 14 日

购买方	名 称：佛山市乐华皮具有限公司 纳税人识别号：91220082002868799U 地 址、电 话：佛山市新城区中山九路 12 号 0757-83000025 开户行及账号：工行佛山市新城区支行 4002123596217954312				密码区	（略）	
货物或应税劳务、服务名称	规格型号	单位	数 量	单 价	金 额	税率	税 额
*住宿服务*住宿费		天	14	250.00	3 500.00	6%	210.00
合 计					¥3 500.00		¥210.00
价税合计（大写）	⊗叁仟柒佰壹拾圆整				（小写）¥3 710.00		
销售方	名 称：清远市七天连锁酒店 纳税人识别号：91441881315287325A 地 址、电 话：清远市清新区江北路 7 号 0763-58004390 开户行及账号：建行清远市江北路支行 42425400225571113456				备注	清远市七天连锁酒店 91441881315287325A 发票专用章	

收款人：全权　　复核：周丽　　开票人：李丽　　销售方：（章）

第二联：抵扣联 购买方扣税凭证

图表 2.78

支付证明单

2022 年 5 月 15 日　　总号　字第　号

事由	数量	单价	十	万	千	百	十	元	角	分
补付差旅费						3	8	0	0	0
	现金付讫									
合计					¥	3	8	0	0	0
金额（大写） 万 零 仟 叁 佰 捌 拾 零 元 零 角 零 分（ ¥380.00 ）										
受款人	李莎	未能取得单据原因								

主管：李琦　　会计：管彰　　出纳：钱前　　记账：　　证明人：肖军

（21）相关原始凭证如图表 2.79～图表 2.80 所示。

图表 2.79

社会保险费电子转账凭证

凭证号：89745621

2022 年 5 月 15 日　　　　凭证提交号：526431

付款人	户名	佛山市乐华皮具有限公司	收款人	户名	广东省 ETS（社保费）
	账号	4002123596217954312		账号	4066230200004185123
	开户行	工行佛山市新城区支行		开户行	广东省工行清算中心
	行号	102588001289		行号	102581099996
金　额		人民币（大写）　陆万贰仟肆佰伍拾元柒角叁分			¥62 450.73
摘要	代扣号：14406810000202205154043，2022 年 4 月社保费 养老小计：48 582.60 元　单位养老：30 916.20 元　个人养老：17 666.40 元 医疗小计：12 145.66 元　单位医疗：8 833.20 元　个人医疗：3 312.46 元 失业小计：1 501.64 元　单位失业：1 059.98 元　个人失业：441.66 元 工伤小计：220.83 元　单位工伤：220.83 元 合计：62 450.73 元　合计：41 030.21 元　合计：21 420.52 元				收款人开户银行盖章
备注	本凭证一式两联：第一联作开户银行的记账凭证，第二联交缴费单位作记账凭证。 打印次数：				转账时间：10:30:10

中国工商银行股份有限公司
佛山市新城区支行
★ 2022.05.15 ★
业务办理章

复核：　　　　记账：

图表 2.80

住房公积金汇缴书

2022 年 5 月 15 日　　　　字第 202211 号

单位名称	佛山市乐华皮具有限公司			汇缴：2022 年 4 月
开户行	工行佛山市新城区支行	单位账号	4002123596217954312	汇缴：21 人
金额	人民币（大写）：伍万贰仟玖佰玖拾玖元贰角整			千 百 十 万 千 百 十 元 角 分 ¥ 5 2 9 9 9 2 0

上次汇缴		本次增加汇缴		本次减少汇缴		本次汇缴	
人数	金额	人数	金额	人数	金额	人数	金额
21	¥26 499.60					21	¥26 499.60
付款行		付款账号		支票号码			
工行佛山市新城区支行		4002123596217954312					

中国工商银行股份有限公司
佛山市新城区支行
★ 2022.05.15 ★
业务办理章

收款银行盖章

（22）相关原始凭证如图表 2.81～图表 2.82 所示。

图表 2.81

现金支票正面

中国工商银行 现金支票存根（粤）

EC/0 2 03666633

附加信息

出票日期　年　月　日

收款人：	
金　额：	
用　途：	

单位主管　　会计

本支票付款期限十天

中国工商银行　现金支票（粤）　EC/0 2 03666633

出票日期（大写）　年　月　日　　付款行名称：工行佛山市新城区支行

收款人：　　出票人账号：4002123596217954312

人民币（大写）	亿	千	百	十	万	千	百	十	元	角	分

用途__________

上列款项请从

我账户内支付

出票人签章　　　　复核　　记账

图表 2.82

现金支票背面

附加信息：	被背书人	被背书人	粘贴单处
	背书人签章 年　月　日	背书人签章 年　月　日	根据《中华人民共和国票据法》等法律法规的规定，签发空头支票由中国人民银行处以票面金额 5%但不低于 1 000 元的罚款。

（23）相关原始凭证如图表 2.83～图表 2.86 所示。

图表 2.83

费用报销审批单

部门：　　　　年　月　日

经手人		事由		
项目	金额（元）	付款方式	备注	
合计				
公司领导审批	财务主管	部门领导	出纳	经手人

图表 2.84

中国工商银行
现金支票存根（粤）

EC 02 03666634

附加信息

出票日期　年　月　日

收款人：	
金　额：	
用　途：	

单位主管　会计

本支票付款期限十天

中国工商银行　现金支票（粤）　EC 02 03666634

出票日期（大写）　年　月　日　付款行名称：工行佛山市新城区支行

收款人：　出票人账号：4002123596217954312

人民币（大写）	亿	千	百	十	万	千	百	十	元	角	分

用途________

上列款项请从

我账户内支付

出票人签章　复核　记账

图表 2.85

4400223130

广东增值税专用发票

发票联

No 04567841

开票日期：2022 年 05 月 17 日

购买方	名　称：佛山市乐华皮具有限公司 纳税人识别号：91220082002868799U 地址、电话：佛山市新城区中山九路 12 号 0757-83000025 开户行及账号：工行佛山市新城区支行 4002123596217954312	密码区	（略）

货物或应税劳务、服务名称	规格型号	单位	数　量	单　价	金　额	税率	税　额
*劳务*修理费		件	1	14 000.00	14 000.00	13%	1 820.00
合　计					¥14 000.00		¥1 820.00
价税合计（大写）	⊗壹万伍仟捌佰贰拾圆整				（小写）¥15 820.00		

销售方	名　称：佛山市公正汽车修理厂 纳税人识别号：91441245MA4UUEIO77 地址、电话：佛山市城门头 10 号店 0757-28861542 开户行及账号：建行佛山市城门头营业部 6400225571124253456	备注	佛山市公正汽车修理厂 91441245MA4UUEIO77 发票专用章

收款人：刘飞　复核：邓明　开票人：张菲　销售方：（章）

第三联：发票联　购买方记账凭证

图表 2.86

4400223130　　广东增值税专用发费

抵扣联

No 04567841

开票日期：2022 年 05 月 17 日

购买方	名　　称：佛山市乐华皮具有限公司 纳税人识别号：91220082002868799U 地 址、电 话：佛山市新城区中山九路 12 号 0757-83000025 开户行及账号：工行佛山市新城区支行 4002123596217954312				密码区	（略）	
货物或应税劳务、服务名称	规格型号	单位	数　量	单　价	金　额	税率	税　额
*劳务*修理费		件	1	14 000.00	14 000.00	13%	1 820.00
合　　计					¥14 000.00		¥1 820.00
价税合计（大写）	⊗壹万伍仟捌佰贰拾圆整				（小写）¥15 820.00		
销售方	名　　称：佛山市公正汽车修理厂 纳税人识别号：91441245MA4UUEIO77 地 址、电 话：佛山市城门头 10 号店 0757-28861542 开户行及账号：建行佛山市城门头营业部 64002255711124253456				备注		

收款人：刘飞　　复核：邓明　　开票人：张菲　　销售方：（章）

第二联：抵扣联　购买方扣税凭证

（24）相关原始凭证如图表 2.87～图表 2.90 所示。

图表 2.87

购销合同（简表）

2022 年 5 月 18 日　　No 103

购买方	广州市新长工厂	地址：广州市大德路 12 号		纳税人识别号	91448451MA12AJQB4R
		电话：020-85764124		开户银行及账号	农行广州市大德路支行 40120200331100216
销售方	佛山市乐华皮具有限公司	地址：佛山市新城区中山九路 12 号		纳税人识别号	91220082002868799U
		电话：0757-83000025		开户银行及账号	工行佛山市新城区支行 4002123596217954312
货物	品名	单位	数量	单价（不含税）	金额（不含税）
	女士手拿包	个	800	65.00	52 000.00
	背包	个	2 000	100.00	200 000.00
	合计				¥252 000.00
结算方式	托收承付		运费承担方式	购买方承担，货到付款	
销售产品发货单号	No 503		销售主管	肖军	制单　李阳
备注	取得托收凭证（受理回单）联				

图表 2.88

4400223130

广东增值税专用发票

此联不作报销、扣税凭证使用

No 03256758

开票日期：　　年　月　日

购买方	名　　称： 纳税人识别号： 地 址、电 话： 开户行及账号：	密码区	（略）

货物或应税劳务、服务名称	规格型号	单位	数　量	单　价	金　额	税率	税　额
合　　计							
价税合计（大写）	（小写）						

销售方	名　　称：佛山市乐华皮具有限公司 纳税人识别号：91220082002868799U 地 址、电 话：佛山市新城区中山九路 12 号 0757-83000025 开户行及账号：工行佛山市新城区支行 4002123596217954312	备注	佛山市乐华皮具有限公司 91220082002868799U 发票专用章

收款人：钱前　　复核：李琦　　开票人：管彰　　销售方：（章）

第一联：记账联　销售方记账凭证

图表 2.89

商品出库单

购货单位：广州市新长工厂　　2022 年 5 月 18 日　　No 503

商品规格型号	商品名称	单位	出库数量	单位成本	总成本	备注
	女士手拿包	个	800			
	背包	个	2 000			
合计						

主管：李琦　　保管员：刘湘　　提货人：石岩　　制单：李阳　　会计：

图表 2.90

中国农业银行　转账支票（粤）　EC 02 66056633

本支票付款期限十天

出票日期（大写）　贰零贰贰年伍月壹拾捌日　　付款行名称：农行广州市大德路支行

收款人：佛山市乐华皮具有限公司　　出票人账号：40120200331100216

人民币（大写）	亿	千	百	十	万	千	百	十	元	角	分
贰拾捌万肆仟柒佰陆拾元整			¥	2	8	4	7	6	0	0	0

用途　货款

上列款项请从
我账户内支付
出票人签章　　广州市新长工厂财务专用章　　印成章宗

复核　　记账

（25）相关原始凭证如图表 2.91～图表 2.94 所示。

图表 2.91

费用报销审批单

部门：　　　　年　月　日

经手人		事由		
项目	金额（元）	付款方式	备注	
合计				
公司领导审批	财务主管	部门领导	出纳	经手人

图表 2.92

4400223130

广东增值税专用发票

发票联

No 09561231

开票日期：2022 年 05 月 18 日

购买方	名　　称：佛山市乐华皮具有限公司 纳税人识别号：91220082002868799U 地 址、电 话：佛山市新城区中山九路 12 号 0757-83000025 开户行及账号：工行佛山市新城区支行 4002123596217954312	密码区	（略）

货物或应税劳务、服务名称	规格型号	单位	数　量	单　价	金　额	税率	税　额
*电信费*通信服务费			1	10 480.00	10 480.00	9%	943.20
合　　计					¥10 480.00		¥943.20
价税合计（大写）	⊗壹万壹仟肆佰贰拾叁圆贰角整				（小写）¥11 423.20		

销售方	名　　称：中国联合网络通信有限公司佛山市分公司 纳税人识别号：911201120224126010 地 址、电 话：佛山市禅城区振安路 19 号 0757-28917891 开户行及账号：建行佛山市禅城区支行 45123698745218972345	备注	中国联合网络通信有限公司佛山市分公司 911201120224126010 发票专用章

收款人：　　复核：张琴　　开票人：刘航　　销售方：（章）

第三联：发票联　购买方记账凭证

图表 2.93

4400223130

广东增值税专用发票

抵扣联

No 09561231

开票日期：2022 年 05 月 18 日

购买方	名　　称：佛山市乐华皮具有限公司 纳税人识别号：91220082002868799U 地 址、电 话：佛山市新城区中山九路 12 号 0757-83000025 开户行及账号：工行佛山市新城区支行 4002123596217954312	密码区	（略）

货物或应税劳务、服务名称	规格型号	单位	数　量	单　价	金　额	税率	税　额
*电信费*通信服务费			1	10 480.00	10 480.00	9%	943.20
合　　计					¥10 480.00		¥943.20
价税合计（大写）	⊗壹万壹仟肆佰贰拾叁圆贰角整				（小写）¥11 423.20		

销售方	名　　称：中国联合网络通信有限公司佛山市分公司 纳税人识别号：911201120224126010 地 址、电 话：佛山市禅城区振安路 19 号 0757-28917891 开户行及账号：建行佛山市禅城区支行 45123698745218972345	备注	中国联合网络通信有限公司佛山市分公司 911201120224126010 发票专用章

收款人：　　复核：张琴　　开票人：刘航　　销售方：（章）

第二联：抵扣联　购买方扣税凭证

图表 2.94

中国工商银行
转账支票存根（粤）

$\frac{EC}{02}$ **05666657**

附加信息

出票日期 2022 年 05 月 18 日

收款人：中国联合网络通信有限公司佛山市分公司	
金　额：¥11 423.20	
用　途：通信服务费	

单位主管　　　会计

（26）相关原始凭证如图表 2.95～图表 2.97 所示。

图表 2.95

广东省高速公路通行费统一发票

发票联

发票代码　26723978　　　　粤税（4837）

发票号码　82112345

入　站：**勒流**	出　站：**大涌**
收费员：**29876477**	车　道：**25**
时　间：**2022-05-19**	金　额：**206** 元
车　型：**B 型**	

收款单位（盖章）

佛山飞翔高速公路有限责任公司
91425678988451247F
发票专用章

图表 2.96

广东省高速公路通行费统一发票
发票联

发票代码　26787239　　粤税（4378）
发票号码　72136216

入　站：金沙　　出　站：乐从
收费员：27798764　　车　道：25
时　间：2022-05-18　　金　额：309 元
车　型：A 型
收款单位（盖章）

佛山兆祥高速公路有限责任公司
91402201134567 89SD
发票专用章

图表 2.97

现金支出凭单

第　　号

附件　　张　　2022 年 5 月 19 日

对方科目编号	

用款事项：高速公路费

人民币（大写）伍佰壹拾伍元整　　¥515.00

现金付讫

收款人（签章）　主管人员 李琦（签章）　会计人员 管彰（签章）　出纳付讫 钱前（签章）

（27）相关原始凭证如图表 2.98 所示。

图表 2.98

发出材料汇总表

年　月　日　　金额单位：元

用途	里布			五金件			PU 超纤维			合计金额
	数量	单价	金额	数量	单价	金额	数量	单价	金额	
生产女士手拿包										
生产背包										
车间一般消耗										
管理部门耗用										
销售部门耗用										
合计										

复核：　　制单：

（28）相关原始凭证如图表 2.99～图表 2.102 所示。

图表 2.99

费用报销审批单

部门：　　　　　　　　　　　　　　年　月　日

经手人		事由		
项目	金额（元）	付款方式	备注	
合计				
公司领导审批	财务主管	部门领导	出纳	经手人

图表 2.100

4400223130　　**广东增值税专用发票**

发票联

No 03561999

开票日期：2022 年 05 月 22 日

购买方	名　　称：佛山市乐华皮具有限公司 纳税人识别号：91220082002868799U 地 址、电 话：佛山市新城区中山九路 12 号 0757-83000025 开户行及账号：工行佛山市新城区支行 4002123596217954312	密码区	（略）

货物或应税劳务、服务名称	规格型号	单位	数量	单价	金额	税率	税额
*广告服务*广告费			2	2 000.00	4 000.00	6%	240.00
合　　计					¥4 000.00		¥240.00
价税合计（大写）	⊗肆仟贰佰肆拾圆整				（小写）¥4 240.00		

销售方	名　　称：佛山市电视台综合频道 纳税人识别号：91445632ER4EXABE77 地 址、电 话：佛山市新城区华康道 12 号 0757-28861789 开户行及账号：建行佛山市华康支行 42540025786128743656	备注	

收款人：张兵　　复核：邓丽　　开票人：李泉　　销售方：（章）

第三联：发票联　购买方记账凭证

图表 2.101

4400223130　　广东增值税专用发票

全国统一发票监制章 广东 国家税务总局

抵扣联

No 03561999

开票日期：2022 年 05 月 22 日

购买方	名　　称：佛山市乐华皮具有限公司 纳税人识别号：91220082002868799U 地 址、电 话：佛山市新城区中山九路 12 号 0757-83000025 开户行及账号：工行佛山市新城区支行 4002123596217954312	密码区	（略）

货物或应税劳务、服务名称	规格型号	单位	数　量	单　价	金　额	税率	税　额
*广告服务*广告费			2	2 000.00	4 000.00	6%	240.00
合　　计					¥4 000.00		¥240.00
价税合计（大写）	⊗肆仟贰佰肆拾圆整				（小写）¥4 240.00		

销售方	名　　称：佛山市电视台综合频道 纳税人识别号：91445632ER4EXABE77 地 址、电 话：佛山市新城区华康道 12 号 0757-28861789 开户行及账号：建行佛山市华康支行 42540025786128743656	备注	佛山市电视台综合频道 91445632ER4EXABE77 发票专用章

收款人：张兵　　复核：邓丽　　开票人：李泉　　销售方：（章）

第二联：抵扣联　购买方扣税凭证

图表 2.102

业务回单（付款）

入账日期：20220522　　回单编号：44104251628671872358

付款方账号：4002123596217954312

付款方户名：佛山市乐华皮具有限公司　　付款方开户行：工行佛山市新城区支行

收款方账号：42540025786128743656

收款方户名：佛山市电视台综合频道　　收款方开户行：建行佛山市华康支行

币种：人民币　　金额：4 240.00 元

金额（大写）：肆仟贰佰肆拾元整

交易时间：13:23:52　　日志号：508798518　　状态：正常　　摘要：转账取款　　渠道：网上银行

打印时间：20220522　　用户：李琦　　打印行号：102588001289

备注：广告费

提示：如用途显示为退汇交易，则付款人为原汇出交易的收款人，收款人为原汇出交易的付款人。

第 1 次打印

中国工商银行股份有限公司
44104251628671872358
回单专用章

（29）相关原始凭证如图表 2.103～图表 2.109 所示。

图表 2.103

4400223130　　**广东增值税专用发票**

发票联

No 02461345

开票日期：2022 年 05 月 23 日

购买方	名　　称：佛山市乐华皮具有限公司 纳税人识别号：91220082002868799U 地 址、电 话：佛山市新城区中山九路 12 号 0757-83000025 开户行及账号：工行佛山市新城区支行 4002123596217954312				密码区	（略）		
货物或应税劳务、服务名称	规格型号	单位	数　量	单　价	金　额	税率	税　额	
*其他纺织制品*里布		米	2 000.00	4.80	9 600.00	13%	1 248.00	
*塑料制品*PU 超纤维		米	800.00	31.80	25 440.00	13%	3 307.20	
合　　计					¥35 040.00		¥4 555.20	
价税合计（大写）	⊗叁万玖仟伍佰玖拾伍圆贰角整			（小写）¥39 595.20				
销售方	名　　称：江门市新芳皮革有限公司 纳税人识别号：914414562563287168 地 址、电 话：江门市蓬江区建设三路 128 号 0750-34004390 开户行及账号：工行江门市蓬江支行 4022557401124567123				备注	江门市新芳皮革有限公司 914414562563287168 发票专用章		

收款人：李鹏　　复核：邓冰　　开票人：李丽　　销售方：（章）

第三联：发票联　购买方记账凭证

图表 2.104

4400223130　　**广东增值税专用发票**

抵扣联

No 02461345

开票日期：2022 年 05 月 23 日

购买方	名　　称：佛山市乐华皮具有限公司 纳税人识别号：91220082002868799U 地 址、电 话：佛山市新城区中山九路 12 号 0757-83000025 开户行及账号：工行佛山市新城区支行 4002123596217954312				密码区	（略）		
货物或应税劳务、服务名称	规格型号	单位	数　量	单　价	金　额	税率	税　额	
*其他纺织制品*里布		米	2 000.00	4.80	9 600.00	13%	1 248.00	
*塑料制品*PU 超纤维		米	800.00	31.80	25 440.00	13%	3 307.20	
合　　计					¥35 040.00		¥4 555.20	
价税合计（大写）	⊗叁万玖仟伍佰玖拾伍圆贰角整			（小写）¥39 595.20				
销售方	名　　称：江门市新芳皮革有限公司 纳税人识别号：914414562563287168 地 址、电 话：江门市蓬江区建设三路 128 号 0750-34004390 开户行及账号：工行江门市蓬江支行 4022557401124567123				备注	江门市新芳皮革有限公司 914414562563287168 发票专用章		

收款人：李鹏　　复核：邓冰　　开票人：李丽　　销售方：（章）

第二联：抵扣联　购买方扣税凭证

图表 2.105

4400223230

广东增值税专用发票

发票联

No 02451412

开票日期：2022 年 05 月 23 日

购买方		密码区
名　　称：佛山市乐华皮具有限公司 纳税人识别号：91220082002868799U 地 址、电 话：佛山市新城区中山九路 12 号 0757-83000025 开户行及账号：工行佛山市新城区支行 4002123596217954312		（略）

货物或应税劳务、服务名称	规格型号	单位	数　量	单　价	金　额	税率	税　额
*运输服务*运费		千克	56	10.00	560.00	9%	50.40
合　　计					¥560.00		¥50.40
价税合计（大写）	⊗陆佰壹拾圆肆角整				（小写）¥610.40		

销售方	备注
名　　称：江门市浚顺运输有限公司 纳税人识别号：914445892361756898 地 址、电 话：江门市五邑区联合路 2 号 0750-38004390 开户行及账号：农行江门市联合路支行 44002255712224256	起运—到达：江门—佛山 车种车号：粤 J23A65　车船吨位：2 吨 运输货物：里布和 PU 超纤维 （江门市浚顺运输有限公司 914445892361756898 发票专用章）

收款人：陈冰　　复核：张兰　　开票人：李凝　　销售方：（章）

第三联：发票联　购买方记账凭证

图表 2.106

4400223230

广东增值税专用发票

抵扣联

No 02451412

开票日期：2022 年 05 月 23 日

购买方		密码区
名　　称：佛山市乐华皮具有限公司 纳税人识别号：91220082002868799U 地 址、电 话：佛山市新城区中山九路 12 号 0757-83000025 开户行及账号：工行佛山市新城区支行 4002123596217954312		（略）

货物或应税劳务、服务名称	规格型号	单位	数　量	单　价	金　额	税率	税　额
*运输服务*运费		千克	56	10.00	560.00	9%	50.40
合　　计					¥560.00		¥50.40
价税合计（大写）	⊗陆佰壹拾圆肆角整				（小写）¥610.40		

销售方	备注
名　　称：江门市浚顺运输有限公司 纳税人识别号：914445892361756898 地 址、电 话：江门市五邑区联合路 2 号 0750-38004390 开户行及账号：农行江门市联合路支行 44002255712224256	起运—到达：江门—佛山 车种车号：粤 J23A65　车船吨位：2 吨 运输货物：里布和 PU 超纤维 （江门市浚顺运输有限公司 914445892361756898 发票专用章）

收款人：陈冰　　复核：张兰　　开票人：李凝　　销售方：（章）

第二联：抵扣联　购买方扣税凭证

图表 2.107

中国工商银行　托收凭证（付款通知）　5　　No 1208044579

委托日期 2022 年 5 月 23 日　　付款日期 2022 年 5 月 23 日

业务类型	委托收款（□邮划　□电划）			托收承付（□邮划　☑ 电划）		
付款人 全称	佛山市乐华皮具有限公司			收款人 全称	江门市新芳皮革有限公司	
账号	4002123596217954312			账号	4022557401124567123	
地址	佛山市	开户行	工行佛山市新城区支行	地址	江门市	开户行 工行江门市蓬江支行
金额 人民币（大写）	叁万玖仟伍佰玖拾伍圆贰角整			亿 千 百 十 万 千 百 十 元 角 分	¥ 3 9 5 9 5 2 0	
款项内容	货款	托收凭证名称	增值税专用发票	附寄单证张数	2	
商品发运情况	已发运	合同号码	GX2310			
备注： 付款人开户银行收到日期 2022 年 5 月 23 日 复核　记账	中国工商银行股份有限公司 佛山市新城区支行 ★ 2022.05.23 ★ 业务办理章 付款人开户银行签章 2022 年 5 月 23 日			付款人注意： （1）根据《支付结算办法》的有关规定，上列委托收款（托收承付）款项在付款期限内未提出拒付，即视为同意付款，以此代付款通知。 （2）如需提出部分或全部拒付，应在规定期限内将拒付理由书并附债务证明退交开户银行。		

此联是付款人开户银行交给付款人的付款通知

图表 2.108

中国工商银行　托收凭证（付款通知）　5　　No 1208044580

委托日期 2022 年 5 月 23 日　　付款日期 2022 年 5 月 23 日

业务类型	委托收款（□邮划　□电划）			托收承付（□邮划　☑ 电划）		
付款人 全称	佛山市乐华皮具有限公司			收款人 全称	江门市浚顺运输有限公司	
账号	4002123596217954312			账号	44002255712224256	
地址	佛山市	开户行	工行佛山市新城区支行	地址	江门市	开户行 农行江门市联合路支行
金额 人民币（大写）	陆佰壹拾元肆角整			亿 千 百 十 万 千 百 十 元 角 分	¥ 6 1 0 4 0	
款项内容	运费及税费	托收凭证名称	增值税专用发票	附寄单证张数	2	
商品发运情况	已发运	合同号码				
备注： 付款人开户银行收到日期 2022 年 5 月 23 日 复核　记账	中国工商银行股份有限公司 佛山市新城区支行 ★ 2022.05.23 ★ 业务办理章 付款人开户银行签章 2022 年 5 月 23 日			付款人注意： （1）根据《支付结算办法》的有关规定，上列委托收款（托收承付）款项在付款期限内未提出拒付，即视为同意付款，以此代付款通知。 （2）如需提出部分或全部拒付，应在规定期限内将拒付理由书并附债务证明退交开户银行。		

此联是付款人开户银行交给付款人的付款通知

图表 2.109

运费分配表

年　月　日

材料名称	分配标准	分配率	分配金额（元）	备注
里布				运费按材料计量单位进行分配
PU 超纤维				
合计				

制表人：　　　　审核人：略

（30）相关原始凭证如图表 2.110～图表 2.113 所示。

图表 2.110

付款审批单

部门：财务部　　　　2022 年 5 月 24 日

经手人		事由	
项目	金额（元）	付款方式	备注
汽油费	385.22	现金	
合计	385.22	大写金额	叁佰捌拾伍元贰角贰分
单位负责人审批	财务主管	部门领导	出纳
乐华	李琦	李莎	钱前

图表 2.111

现金支出凭单

第　　号

附件　张　　　　2022 年 5 月 24 日

对方科目编号	

用款事项：支付汽油费

人民币（大写）：叁佰捌拾伍元贰角贰分　　¥385.22

现金付讫

收款人	主管人员	会计人员	出纳付讫
	李琦	管彰	钱前
（签章）	（签章）	（签章）	（签章）

图表 2.112

4400223130 广东增值税专用发票 发票联

No 03266788

开票日期：2022 年 05 月 24 日

购买方	名称：佛山市乐华皮具有限公司 纳税人识别号：91220082002868799U 地址、电话：佛山市新城区中山九路 12 号 0757-83000025 开户行及账号：工行佛山市新城区支行 4002123596217954312			密码区	（略）		
货物或应税劳务、服务名称	规格型号	单位	数量	单价	金额	税率	税额
*汽油*95 号车用汽油（VIB）	#95	升	47.02	7.25	340.90	13%	44.32
合计					¥340.90		¥44.32
价税合计（大写）	⊗叁佰捌拾伍圆贰角贰分				（小写）¥385.22		
销售方	名称：乐从供销集团小布加油站 纳税人识别号：91444562112369789D 地址、电话：佛山市乐从镇小布大道 21 号 0757-28864976 开户行及账号：工行佛山市小布支行 4765212245657566123			备注	乐从供销集团小布加油站 91444562112369789D 发票专用章		

收款人：周冰　　复核：张三　　开票人：李柳　　销售方：（章）

第三联：发票联 购买方记账凭证

图表 2.113

4400223130 广东增值税专用发票 抵扣联

No 03266788

开票日期：2022 年 05 月 24 日

购买方	名称：佛山市乐华皮具有限公司 纳税人识别号：91220082002868799U 地址、电话：佛山市新城区中山九路 12 号 0757-83000025 开户行及账号：工行佛山市新城区支行 4002123596217954312			密码区	（略）		
货物或应税劳务、服务名称	规格型号	单位	数量	单价	金额	税率	税额
*汽油*95 号车用汽油（VIB）	#95	升	47.02	7.25	340.90	13%	44.32
合计					¥340.90		¥44.32
价税合计（大写）	⊗叁佰捌拾伍圆贰角贰分				（小写）¥385.22		
销售方	名称：乐从供销集团小布加油站 纳税人识别号：91444562112369789D 地址、电话：佛山市乐从镇小布大道 21 号 0757-28864976 开户行及账号：工行佛山市小布支行 4765212245657566123			备注	乐从供销集团小布加油站 91444562112369789D 发票专用章		

收款人：周冰　　复核：张三　　开票人：李柳　　销售方：（章）

第二联：抵扣联 购买方扣税凭证

（31）相关原始凭证如图表 2.114～图表 2.115 所示。

图表 2.114

4400223130　　**广东增值税专用发票**

此联不作报销、扣税凭证使用　　№ 03256759

开票日期：2022 年 05 月 24 日

购买方	名称：广州市新长工厂 纳税人识别号：91448451MA12AJQB4R 地址、电话：广州市大德路 12 号 020-85764124 开户行及账号：农行广州市大德路支行 40120200331100216	密码区	（略）

货物或应税劳务、服务名称	规格型号	单位	数量	单价	金额	税率	税额
*其他纺织制品*里布		米	2 000	8.00	16 000.00	13%	2 080.00
合　　计					¥16 000.00		¥2 080.00
价税合计（大写）	⊗壹万捌仟零捌拾圆整				（小写）¥18 080.00		

销售方	名称：佛山市乐华皮具有限公司 纳税人识别号：91220082002868799U 地址、电话：佛山市新城区中山九路 12 号 0757-83000025 开户行及账号：工行佛山市新城区支行 4002123596217954312	备注	佛山市乐华皮具有限公司 91220082002868799U 发票专用章

收款人：钱前　　复核：李琦　　开票人：管彰　　销售方：（章）

第一联：记账联　销售方记账凭证

图表 2.115

中国工商银行　进账单（收账通知）　3

2022 年 5 月 24 日　　XV 16479847

付款人	全称	广州市新长工厂	收款人	全称	佛山市乐华皮具有限公司
	账号	40120200331100216		账号	4002123596217954312
	开户银行	农行广州市大德路支行		开户银行	工行佛山市新城区支行

金额	人民币（大写）壹万捌仟零捌拾元整	亿	千	百	十	万	千	百	十	元	角	分
					¥	1	8	0	8	0	0	0

票据种类	转账支票	票据张数	1
票据号码	03654324		

复核　　记账

中国工商银行股份有限公司
佛山市新城区支行
★ 2022.05.24 ★
业务办理章

交给银行后视为已盖章

此联是开户银行交给收款人的收账通知

（32）相关原始凭证如图表 2.116 所示。

图表 2.116

收　料　单

供货单位：　　　　　　　　　　　　　　　　　　　　　　　　编号：

发票号码：　　　　　　　　　年　月　日　　　　　　　　　　库号：

材料编号	材料名称	规格	单位	数量		实际成本				备注
				应收	实收	单价	发票金额	运杂费用	合计	
合计										

采购人：　　　　检验员：　　　　记账员：　　　　保管员：

（33）相关原始凭证如图表 2.117 所示。

图表 2.117

发出材料汇总表

年　月　日　　　　　　　　　　　　　　　　金额单位：元

用途	里布			五金件			PU 超纤维			合计金额
	数量	单价	金额	数量	单价	金额	数量	单价	金额	
生产女士手拿包										
生产背包										
车间一般消耗										
管理部门耗用										
销售部门耗用										
合计										

复核：　　　　　　　　　　制单：

（34）相关原始凭证如图表 2.118 所示。

图表 2.118

无形资产摊销表

年　月　日　　　　　　　　　　　　　　　　单位：元

项目	应摊销金额	摊销期限	每月摊销金额
合计			

会计主管：　　　　　　制表人：　　　　　　审核人：

（35）相关原始凭证如图表 2.119～图表 2.122 所示。

图表 2.119

购销合同（简表）

2022 年 5 月 27 日　　　　No 104

购买方	广州市东塘皮具有限公司	地址：广州市新桂路 108 号		纳税人识别号	91444561CE45ZEPB7R
		电话：020-26004390		开户银行及账号	工行广州市白云区新桂路支行 4052254071233424212
销售方	佛山市乐华皮具有限公司	地址：佛山市新城区中山九路 12 号		纳税人识别号	91220082002868799U
		电话：0757-83000025		开户银行及账号	工行佛山市新城区支行 4002123596217954312
货物	品名	单位	数量	单价（不含税）	金额（不含税）
	女士手拿包	个	3 300	65.00	214 500.00
	合计				¥214 500.00
结算方式	电汇		运费承担方式	购买方承担，货到付款	
销售产品发货单号	No 504		销售主管	肖军	制单　李阳
备注	取得电汇凭证（收账通知）联				

图表 2.120

4400223130　　**广东增值税专用发票**

此联不作报销、扣税凭证使用　　No 03256760

开票日期：　　年　月　日

购买方	名　　称： 纳税人识别号： 地 址、电 话： 开户行及账号：				密码区	（略）	
货物或应税劳务、服务名称	规格型号	单位	数　量	单　价	金　额	税率	税　额
合　　计							
价税合计（大写）					（小写）		
销售方	名　　称：佛山市乐华皮具有限公司 纳税人识别号：91220082002868799U 地 址、电 话：佛山市新城区中山九路 12 号 0757-83000025 开户行及账号：工行佛山市新城区支行 4002123596217954312				备注		

第一联：记账联　销售方记账凭证

收款人：钱前　　复核：李琦　　开票人：管彰　　销售方：（章）

佛山市乐华皮具有限公司　91220082002868799U　发票专用章

图表 2.121

商品出库单

购货单位：广州市东塘皮具有限公司　　　　2022 年 5 月 27 日　　　　No 504

商品规格型号	商品名称	单位	出库数量	单位成本	总成本	备注
	女士手拿包	个	3 300			
合计						

主管：李琦　　保管员：刘湘　　提货人：石岩　　制单：李阳　　会计：

图表 2.122

中国工商银行 电汇凭证（收账通知）　4

2022 年 5 月 27 日　　　　No XV 17894538

<table>
<tr><td rowspan="3">付款人</td><td>全称</td><td colspan="3">广州市东塘皮具有限公司</td><td rowspan="3">收款人</td><td>全称</td><td colspan="12">佛山市乐华皮具有限公司</td></tr>
<tr><td>账号</td><td colspan="3">4052254071233424212</td><td>账号</td><td colspan="12">4002123596217954312</td></tr>
<tr><td>汇出地址</td><td>广州市</td><td>汇出行名称</td><td>工行广州市白云区新桂路支行</td><td>汇入地址</td><td colspan="4">佛山市</td><td colspan="4">汇入行名称</td><td colspan="4">工行佛山市新城区支行</td></tr>
<tr><td colspan="2" rowspan="2">金额</td><td colspan="5" rowspan="2">人民币（大写）贰拾肆万贰仟叁佰捌拾伍元整</td><td>千</td><td>百</td><td>十</td><td>万</td><td>千</td><td>百</td><td>十</td><td>元</td><td>角</td><td>分</td><td colspan="2"></td></tr>
<tr><td></td><td>¥</td><td>2</td><td>4</td><td>2</td><td>3</td><td>8</td><td>5</td><td>0</td><td>0</td><td colspan="2"></td></tr>
<tr><td colspan="7">汇款用途：货款</td><td colspan="12" rowspan="2">中国工商银行股份有限公司
佛山市新城区支行
★ 2022.05.27 ★
业务办理章
汇入行盖章
2022 年 5 月 27 日</td></tr>
<tr><td colspan="7">单位主管　　会计　　复核　　记账</td></tr>
</table>

此联是汇入行交给收款人的回单

（36）相关原始凭证如图表 2.123～图表 2.127 所示。

图表 2.123

付款审批单

部门：生产部　　　　2022 年 5 月 28 日

经手人		事由	
项目	金额（元）	付款方式	备注
电费	11 752.00	支票	
合计	11 752.00	大写金额	壹万壹仟柒佰伍拾贰元整
单位负责人审批	财务主管	部门领导	出纳
乐华	李琦	李莎	钱前

图表 2.124

4400223130　　广东增值税专用发票

发 票 联

No 03661452

开票日期：2022 年 05 月 28 日

购买方	名　　称：佛山市乐华皮具有限公司 纳税人识别号：91220082002868799U 地 址、电 话：佛山市新城区中山九路 12 号 0757-83000025 开户行及账号：工行佛山市新城区支行 4002123596217954312				密码区	（略）		
货物或应税劳务、服务名称	规格型号	单位	数　量	单　价	金　额	税率	税　额	
*供电*电费		千瓦	45 900	0.20	9 180.00	13%	1 193.40	
*供电*电费		千瓦	3 050	0.40	1 220.00	13%	158.60	
合　　计					¥10 400.00		¥1 352.00	
价税合计（大写）	⊗壹万壹仟柒佰伍拾贰圆整				（小写）¥11 752.00			
销售方	名　　称：佛山市供电公司 纳税人识别号：91441478523698521D 地 址、电 话：佛山市城门头 8 号南方电力大厦 0757-29741245 开户行及账号：建行佛山市城门头支行 41234567891278943456				备注	佛山市供电公司 91441478523698521D 发票专用章		

收款人：张飞　　复核：　　开票人：邓飞　　销售方：（章）

第三联：发票联　购买方记账凭证

图表 2.125

4400223130　　广东增值税专用发票

抵 扣 联

No 03661452

开票日期：2022 年 05 月 28 日

购买方	名　　称：佛山市乐华皮具有限公司 纳税人识别号：91220082002868799U 地 址、电 话：佛山市新城区中山九路 12 号 0757-83000025 开户行及账号：工行佛山市新城区支行 4002123596217954312				密码区	（略）		
货物或应税劳务、服务名称	规格型号	单位	数　量	单　价	金　额	税率	税　额	
*供电*电费		千瓦	45 900	0.20	9 180.00	13%	1 193.40	
*供电*电费		千瓦	3 050	0.40	1 220.00	13%	158.60	
合　　计					¥10 400.00		¥1 352.00	
价税合计（大写）	⊗壹万壹仟柒佰伍拾贰圆整				（小写）¥11 752.00			
销售方	名　　称：佛山市供电公司 纳税人识别号：91441478523698521D 地 址、电 话：佛山市城门头 8 号南方电力大厦 0757-29741245 开户行及账号：建行佛山市城门头支行 41234567891278943456				备注	佛山市供电公司 91441478523698521D 发票专用章		

收款人：张飞　　复核：　　开票人：邓飞　　销售方：（章）

第二联：抵扣联　购买方扣税凭证

图表 2.126

特种转账借方凭证

币别：人民币　　　　　　　　　　　　　　　　　　　　　　　　　　流水号：4579

付款人	全称	佛山市乐华皮具有限公司	收款人	全称	佛山市供电公司
	账号	4002123596217954312		账号	41234567891278943456
	开户行	工行佛山市新城区支行		开户行	建行佛山市城门头支行
金额	人民币（大写）壹万壹仟柒佰伍拾贰元整				¥11 752.00
用途	代收电费		中国工商银行股份有限公司 佛山市新城区支行 2022.05.28 转讫		银行盖章
备注：					

客户回单

图表 2.127

外购动力（电费）分配表

2022 年 5 月 28 日

用途、部门		分配标准（千瓦·时）	分配单价	分配金额（元）	备注
动力用电	女士手拿包	16 720.00	0.20	3 344.00	
	背包	29 180.00	0.20	5 836.00	
照明用电	生产车间	1 000.00	0.40	400.00	
	管理部门	2 050.00	0.40	820.00	
合计		48 950.00		10 400.00	

制表人：　　　　　　　　　　　　　　　　审核人：略

（37）相关原始凭证如图表 2.128 所示。

图表 2.128

材料实存账存报告单

年　月　日

材料名称	单位	实存		账存		盘亏		备注
		数量	金额	数量	金额	数量	金额	
里布	米					80	400.00	原因待查
五金件	套					240	2 400.00	
合计							2 800.00	

盘点人：　　　　　　保管人：　　　　　　复核：　　　　　　制单：

（38）相关原始凭证如图表 2.129～图表 2.130 所示。

图表 2.129

中国工商银行 借款借据（回单）

借款单位：佛山市乐华皮具有限公司　　2022 年 5 月 29 日　　No 3006

贷款种类	流动资金借款	贷款账号		存款账号	4002123596217954312										
借款金额	人民币（大写）壹拾万元整			亿	千	百	十	万	千	百	十	元	角	分	
						¥	1	0	0	0	0	0	0	0	
借款用途：流动资金周转															
约定还款期：6 个月		期限 2022 年 5 月 29 日至 2022 年 11 月 29 日													
系统合同号　借字第 202296 号				上列款项已转入你单位的存款账户。											

第四联 收款人收账通知

中国工商银行股份有限公司
佛山市新城区支行
2022.05.29
业务办理章

图表 2.130

中国工商银行人民币流动资金借款合同

立合同单位：

中国工商银行佛山市新城区支行（以下称“贷款方”）

佛山市乐华皮具有限公司（以下称“借款方”）

为明确各自责任，严守合同，特签订本合同，双方共同信守。

一、贷款种类：流动资金贷款

二、借款金额（大写）：壹拾万元整

三、借款用途：流动资金周转

四、借款利率：年利率为6%，按月计息，最后还本。

五、借款期限：借款自二〇二二年五月二十九日至二〇二二年十一月二十九日止。

六、还款资金来源：主营业务收入。

七、还款方式：转

八、违约责任：（略）

本合同经双方签字后生效，贷款本息全部偿付后失效。

本合同一式两份，贷款方、借款方各执一份；合同副本四份，报送有关单位各留存一份。

贷款方：工行佛山市新城区支行　　借款方：佛山市乐华皮具有限公司

法人代表：袁 凯　　法人代表：乐华

2022 年 5 月 29 日　　2022 年 5 月 29 日

（39）相关原始凭证如图表 2.131～图表 2.132 所示。

图表 2.131

工资结算表

2022 年 5 月

部门	类别	姓名	基本工资	岗位工资	岗位津贴	应发合计	请假扣款	应付工资	上年度月平均工资	社会保险费				住房公积金	个税	实发工资
										养老	医疗	失业	小计			
企管部	管理人员	乐华	15 000	3 500	500	19 000	0	19 000	19 000	1 520.00	285.00	38.00	1 843.00	2 280.00	937.70	13 939.30
财务部	管理人员	李琦	8 000	3 000	500	11 500	0	11 500	11 500	920.00	172.50	23.00	1 115.50	1 380.00	90.14	8 914.36
财务部	管理人员	管彰	6 800	3 000	500	10 300	0	10 300	10 300	824.00	154.50	20.60	999.10	1 236.00	79.95	7 984.95
财务部	管理人员	钱前	7 500	3 000	500	11 000	30	10 970	10 970	877.60	164.55	21.94	1 064.09	1 316.40	92.69	8 496.82
采购部	管理人员	李莎	7 800	2 500	500	10 800	0	10 800	10 800	864.00	162.00	21.60	1 047.60	1 296.00	88.69	8 367.71
采购部	管理人员	王琳	6 500	2 500	500	9 500	0	9 500	9 500	760.00	142.50	19.00	921.50	1 140.00	43.16	7 395.34
销售部	销售总监	刘明	12 000	2 800	350	15 150	0	15 150	15 150	1 212.00	227.25	30.30	1 469.55	1 818.00	205.88	11 656.57
销售部	销售主管	肖军	10 000	2 800	350	13 150	0	13 150	13 150	1 052.00	197.25	26.30	1 275.55	1 578.00	158.90	10 137.55
销售部	销售人员	曾光	10 000	2 800	350	13 150	60	13 090	13 090	1 047.20	196.35	26.18	1 269.73	1 570.80	127.48	10 121.99
销售部	销售人员	麦成	9 500	2 800	350	12 650	0	12 650	12 650	1 012.00	189.75	25.30	1 227.05	1 518.00	132.15	9 772.80
仓储部	管理人员	刘湘	6 700	2 000	500	9 200	0	9 200	9 200	736.00	138.00	18.40	892.40	1 104.00	48.11	7 155.49
仓储部	管理人员	李阳	5 800	2 000	500	8 300	0	8 300	8 300	664.00	124.50	16.60	805.10	996.00	44.97	6 453.93
车间办	车间主任	王聪	6 800	2 000	500	9 300	0	9 300	9 300	744.00	139.50	18.60	902.10	1 116.00	68.46	7 213.44

续表

部门	类别	姓名	基本工资	岗位工资	岗位津贴	应发合计	请假扣款	应付工资	上年度月平均工资	社会保险费				住房公积金	个税	实发工资
										养老	医疗	失业	小计			
女士手拿包生产线	生产人员	陈均	7 500	2 000	350	9 850	15	9 835	9 835	786.80	147.53	19.67	954.00	1 180.20	81.02	7 619.78
女士手拿包生产线	生产人员	陈翔	6 500	2 000	350	8 850	0	8 850	8 850	708.00	132.75	17.70	858.45	1 062.00	3.88	6 925.67
女士手拿包生产线	生产人员	刘川	6 400	2 000	350	8 750	60	8 690	8 690	695.20	130.35	17.38	842.93	1 042.80	54.13	6 750.14
女士手拿包生产线	生产人员	陈数	6 000	2 000	350	8 350	0	8 350	8 350	668.00	125.25	16.70	809.95	1 002.00	46.14	6 491.91
女士手拿包生产线	生产人员	庄黎	5 800	2 000	350	8 150	75	8 075	8 075	646.00	121.13	16.15	783.28	969.00	39.68	6 283.04
背包生产线	生产人员	向凯	4 500	2 000	350	6 850	0	6 850	6 850	548.00	102.75	13.70	664.45	822.00	10.90	5 352.65
背包生产线	生产人员	欧阳珺	5 100	2 000	350	7 450	30	7 420	7 420	593.60	111.30	14.84	719.74	890.40	24.30	5 785.56
背包生产线	生产人员	林妙	7 500	2 000	350	9 850	0	9 850	9 850	788.00	147.75	19.70	955.45	1 182.00	66.37	7 646.18
合计			161 700	50 700	8 700	221 100	270	220 830	220 830	17 666.40	3 312.46	441.66	21 420.52	26 499.60	2 444.70	170 465.18

注：手工实训与软件操作导致 4 月与 5 月个税和实发工资数据稍有差异，按书中表格数据操作即可。

图表 2.132

工资总额汇总表

2022 年 5 月 30 日

应借账户		项目		
		本月工资	领款人（代表）	备注
生产成本	女士手拿包			假设工资均由银行代发
	背包			
车间管理人员工资				
行政管理人员工资				
销售部销售总监				
销售部销售人员				
合计				

会计主管：　　　　　　　　制表人：　　　　　　　　审核人：

（40）相关原始凭证如图表 2.133 所示。

图表 2.133

企业负担的各项费用及保险分配表

年　月　日

项目		计提基数	工会经费	职工教育经费	社会保险费	住房公积金	合计
生产成本	女士手拿包						
	背包						
车间管理人员							
行政管理人员							
销售部销售总监							
销售部销售人员							
合计							

会计主管：　　　　　　　　制表人：　　　　　　　　审核人：

注：计提基数为应付工资（上年度月平均工资）总额。

（41）相关原始凭证如图表 2.134 所示。

图表 2.134

长期待摊费用分摊表

2022 年 5 月 31 日

应借科目	分摊项目			合计
	房租费用	财产保险费用		
制造费用		1 200.00		1 200.00
管理费用	200.00	200.00		400.00
合计	200.00	1 400.00		1 600.00

会计主管：　　　　　　　　制表人：　　　　　　　　审核人：

（42）相关原始凭证如图表 2.135 所示。

图表 2.135

固定资产折旧计算表

2022 年 5 月 31 日

使用部门	固定资产类别	固定资产月初原值（元）	月折旧率（%）	月折旧额（元）
生产车间	房屋	1 600 000.00	0.4	6 400.00
	机器设备	2 200 000.00	0.8	17 600.00
管理部门	房屋	800 000.00	0.4	3 200.00
	机器设备			
合计		4 600 000.00		27 200.00

会计主管：　　　　制表人：　　　　审核人：

（43）相关原始凭证如图表 2.136 所示。

图表 2.136

中国工商银行（计算）　利息清单

币别：人民币　　　　2022 年 5 月 31 日　　　　流水号 4520

户名：佛山市乐华皮具有限公司			账号：4002123596217954312		
计息项目	起息日	结息日	本金/积数	利率	利息
短期借款	20220430	20220531	60 000.00	6%	¥300.00
长期借款	20220430	20220531	1 000 800.00	7.2%	¥6 004.80
合计	人民币（大写）陆仟叁佰零肆元捌角整				
根据有关规定或双方约定，上列款项已直接扣划你单位 4002123596217954312 账户，你单位上述账户余额不足以支付贷款利息的，请另筹资金支付。			银行签章　中国工商银行股份有限公司 佛山市新城区支行 2022.05.31 转讫		

第二联　客户回单

会计主管：　　授权：　　复核：周霞　　录入：朱珠

注：上项利息全部列作财务费用（本月 29 日的借款 100 000 元本月不计提利息）。

（44）相关原始凭证如图表 2.137 所示。

图表 2.137

制造费用分配表

年 月 日

产品名称	分配标准（工时）	分配率（%）	分配金额（元）	备注
女士手拿包	2 600			按生产工时的比例分配制造费用
背包	1 400			
合计	4 000			

会计主管： 制表人： 审核人：

（45）相关原始凭证如图表 2.138～图表 2.139 所示。

图表 2.138

产品生产成本计算表

年 月 日

产品名称	女士手拿包（5 400 个）		背包（2 000 个）	
成本项目	总成本	单位成本	总成本	单位成本
直接材料				
直接人工				
其他直接支出				
制造费用				
合计				

注：直接人工包括生产工人工资和按生产工人工资计提的福利费及社会保险费；其他直接支出包括生产用动力费（电费）。

图表 2.139

产品完工（库存商品）入库单

2022 年 5 月 31 日

产品名称	单位	入库数量	单位成本	生产总成本
女士手拿包	个	5 400		
背包	个	2 000		
合计				

会计主管： 制表人： 审核人：

（46）相关原始凭证如图表 2.140～图表 2.142 所示。

图表 2.140

购销合同（简表）

2022 年 5 月 30 日　　No 105

购买方	佛山市宏达有限责任公司	地址：佛山市顺德区桂畔路 81 号		纳税人识别号	91144200115478912S
		电话：0757-28694578		开户银行及账号	工行佛山市顺德区支行 4132145789212457812
销售方	佛山市乐华皮具有限公司	地址：佛山市新城区中山九路 12 号		纳税人识别号	91220082002868799U
		电话：0757-83000025		开户银行及账号	工行佛山市新城区支行 4002123596217954312
货物	品名	单位	数量	单价（不含税）	金额（不含税）
	女士手拿包	个	500	65.00	32 500.00
	背包	个	200	100.00	20 000.00
	合计				¥52 500.00
结算方式			运费承担方式	购买方承担，货到付款	
销售产品发货单号	No 505		销售主管	肖军	制单 李阳
备注					

图表 2.141

4400223130

广东增值税专用发票

此联不作报销、扣税凭证使用　　No 03256761

开票日期：　　年　　月　　日

购买方	名　　称： 纳税人识别号： 地 址、电 话： 开户行及账号：				密码区	（略）	
货物或应税劳务、服务名称	规格型号	单位	数　量	单　价	金　额	税率	税　额
合　　计							
价税合计（大写）					（小写）		
销售方	名　　称：佛山市乐华皮具有限公司 纳税人识别号：91220082002868799U 地 址、电 话：佛山市新城区中山九路 12 号 0757-83000025 开户行及账号：工行佛山市新城区支行 4002123596217954312				备注	佛山市乐华皮具有限公司 91220082002868799U 发票专用章	

收款人：钱前　　复核：李琦　　开票人：管彰　　销售方：（章）

第一联：记账联　销售方记账凭证

图表 2.142

商品出库单

购货单位：佛山市宏达有限责任公司　　2022 年 5 月 30 日　　No 505

商品规格型号	商品名称	单位	出库数量	单位成本	总成本	备注
	女士手拿包	个	500			
	背包	个	200			
合计						

主管：李琦　　保管员：刘湘　　提货人：石岩　　制单：李阳　　会计：

（47）相关原始凭证如图表 2.143 所示。

图表 2.143

商品销售成本（主营业务成本）计算表

年　月　日

产品名称	销售数量	单位	单位成本	总成本	备注
女士手拿包					按月末一次加权平均法计算成本
背包					
合计					

会计主管：　　制表人：　　审核人：

注：本月销售女士手拿包 6 400 个；销售背包 2 600 个。

（48）相关原始凭证如图表 2.144 所示。

图表 2.144

应交增值税计算表

填表日期：2022 年 5 月 31 日

税款所属时间：自 2022 年 5 月 1 日至 2022 年 5 月 31 日

纳税人名称：　　开户银行及账号：

项目	金额	备注
本月销售额		增值税一般纳税人，本月应纳增值税税额=本月销项税额-本月进项税额+本月进项税额转出-上期留抵税额
本月销项税额		
本月进项税额		
本月进项税额转出		
待抵扣进项税额		
上期留抵税额		
本月应纳增值税税额		
本月未交增值税税额		

会计主管：　　制表人：　　审核人：

（49）相关原始凭证如图表 2.145 所示。

图表 2.145

城市维护建设税与教育费附加计提表

年　月　日

序号	项目	金额	备注
1	本月销项税额		
2	本月进项税额		
3	本月应交增值税		
4	计税依据		计税依据为本月应缴纳的增值税税额
5	本月应交城市维护建设税（7%）		
6	本月应交教育费附加（3%）		
7	本月应交地方教育附加（2%）		
8	城市维护建设税与教育费附加合计		

会计主管：　　　　　　　　制表人：　　　　　　　　审核人：

（50）相关原始凭证如图表 2.146 所示。

图表 2.146

应付账款核销单

2022 年 5 月 31 日

往来单位（债权人）：东莞市云峰有限公司	（该项应付账款发生在 2019 年）
金额（大写）：人民币玖佰元整	（小写）¥900.00
核销原因：因企业已转销账簿记录，本企业无法支付。	
领导批准：同意核销，转作营业外收入。 肖军　曾光 2022 年 5 月 31 日	

（51）相关原始凭证如图表 2.147～图表 2.148 所示。

图表 2.147

广东省接受社会捐赠专用收据

2022 年 5 月 31 日　　　　No.0212003

捐赠者	佛山市乐华皮具有限公司		货币种类		人民币
捐赠项目	“希望工程”项目				
项目（捐赠金额或实物）	单位	规格	数量	单价	金额
转账支票（05666658）					2 000.00
合计　人民币（大写）	贰仟元整				

第二联：付款方

收款单位（盖章）　　　开票人：董东　　　　收款人：李立

佛山市红十字会 13440600C037325893 发票专用章

图表 2.148

中国工商银行
转账支票存根（粤）
EC
0 2　05666658
附加信息
出票日期　年　月　日
收款人：
金　额：
用　途：
单位主管　会计

本支票付款期限十天

中国工商银行　转账支票（粤）　EC 0 2　05666658
出票日期（大写）　年　月　日　付款行名称：工行佛山市新城区支行
收款人：　出票人账号：4002123596217954312

人民币（大写）	亿	千	百	十	万	千	百	十	元	角	分

用途
上列款项请从
我账户内支付
出票人签章　复核　记账

（52）相关原始凭证如图表 2.149 所示。

图表 2.149

材料销售成本计算表

2022 年 5 月 31 日

产品名称	销售数量	单位	单位成本	总成本
里布	2 000	米	5	10 000.00
合计				10 000.00

会计主管：　制表人：　审核人：

（53）相关原始凭证如图表 2.150 所示。

图表 2.150

材料盘亏处理报告单

2022 年 5 月 31 日

材料名称	单位	实存		账存		盘亏		备注
		数量	金额	数量	金额	数量	金额	
里布	米					80	400.00	里布盘亏系管理不善造成，五金件盘亏系责任事故
五金件	套					240	2 400.00	
合计							2 800.00	
审批意见	管理不善计入营业外支出；责任事故由责任人刘湘赔偿，计入“其他应收款”，不抵扣进项税额，需另付进项税 2 400×13%=312（元）							

会计主管：　制表人：　审核人：

（54）相关原始凭证如图表 2.151 所示。

图表 2.151

坏账处理意见书

经公司领导会议决定，将佛山市弘海商贸有限公司一笔账龄较长的应收账款 412 元作企业坏账损失处理。

总经理：乐华

2022 年 5 月 31 日

（55）相关原始凭证如图表 2.152 所示。

图表 2.152

领　料　单

领料部门：一车间　　2022 年 5 月 31 日　　仓库：仓 4

材料编号	材料名称	规格	单位	数量		实际成本			备注
				请领	实领	单位成本	金额	用途	
K23	五金件	小	套	2 000	2 000	10	20 000.00	生产男士手拿包	投产新产品
合计				2 000	2 000		20 000.00		

发料人：　　检验员：　　记账员：　　领料人：

（56）相关原始凭证如图表 2.153 所示。

图表 2.153

损益类账户本月发生额结转本年利润金额

年　月　日

账户名称	贷方发生额	账户名称	借方发生额
主营业务收入		主营业务成本	
其他业务收入		其他业务成本	
营业外收入		税金及附加	
		销售费用	
		管理费用	
		财务费用	
		营业外支出	
合计		合计	

会计主管：　　制表人：　　审核人：

（57）相关原始凭证如图表 2.154 所示。

图表 2.154

应交企业所得税计算表

年　月　日

项目	金额	备注
利润总额		根据 2021 年国家税务总局第 12 号公告计算 5 月应缴的企业所得税税额。假定本月利润总额即应纳税所得额
应纳税所得额		
税率（□25%，□10%，□2.5%）		
应纳所得税税额		
已预缴所得税税额		
应补缴的所得税税额		

会计主管：　　　　制表人：　　　　审核人：

（58）相关原始凭证如图表 2.155～图表 2.156 所示。

图表 2.155

提取法定盈余公积计算表

年　月　日

项目	金额	备注
利润总额		假定本题只计算 5 月应计提的法定盈余公积，按本月净利润的 10%计算
企业所得税		
本期净利润		
提取比率（10%）		
应提取法定盈余公积		

会计主管：　　　　制表人：　　　　审核人：

图表 2.156

提取任意盈余公积计算表

年　月　日

项目	金额	备注
利润总额		假定本题只计算 5 月应计提的任意盈余公积，按本月净利润的 5%计算
企业所得税		
本期净利润		
提取比率（5%）		
应提取任意盈余公积		

会计主管：　　　　制表人：　　　　审核人：

（59）根据以上经济业务的银行存款日记账（见图表 2.157）和银行对账单（见图表 2.158），核对查找未达账项，编制银行存款余额调节表（见图表 2.159）。

图表 2.157

银行存款日记账

2022 年		凭证字号	摘要	借方	贷方	借或贷	余额
月	日						
5			承前页			借	452 125.96
	18	略	销售产品	284 760.00		借	736 885.96
	24	略	销售材料	18 080.00		借	754 965.96
	27	略	销售产品	242 385.00		借	997 350.96
	28	略	支付电费		11 752.00	借	985 598.96
	31	略	支付利息		6 304.80	借	979 294.16
	31	略	捐款		2 000.00	借	977 294.16

图表 2.158

中国工商银行

ICBC　　中国工商银行单位账户明细对账单

账户名称：佛山市乐华皮具有限公司

账号：4002123596217954312　　币种：人民币（CNY）　单位：元　　第 2 页　共 2 页

日期	摘要	凭证号	借方发生额	贷方发生额	余额	附言
	承前页				452 125.96	
20220524	转存	略		18 080.00	470 205.96	材料款
20220528	转存	略		242 385.00	712 590.96	货款
20220528	转取	略	11 752.00		700 838.96	电费
20220531	转存	略		59 325.00	760 163.96	货款
20220531	转取	略	6 304.80		753 859.16	利息
20220531	转存	略		2 712.00	756 571.16	个人赔款
			以下为空白	*以下为空白*		

图表 2.159

银行存款余额调节表

2022 年 5 月 31 日　　单位：元

项目	金额	项目	金额
银行存款日记账余额		银行对账单余额	
加：银行已收企业未收		加：企业已收银行未收	
减：银行已付企业未付		减：企业已付银行未付	
调节后余额		调节后余额	

（60）根据上述资料编制资产负债表（见图表 2.160）和利润表（见图表 2.161）。

图表 2.160

资产负债表

会小企 01 表

编制单位： 年 月 日 单位：元

资产	期末余额	年初余额	负债和所有者权益	期末余额	年初余额
流动资产：			流动负债：		
货币资金			短期借款		
短期投资			应付票据		
应收票据			应付账款		
应收账款			预收账款		
预付账款			应付职工薪酬		
应收股利			应交税费		
应收利息			应付利息		
其他应收款			应付利润		
存货			其他应付款		
其中：原材料			其他流动负债		
在产品			流动负债合计		
库存商品			非流动负债：		
周转材料			长期借款		
其他流动资产			应付债券		
流动资产合计			长期应付款		
非流动资产：			递延收益		
长期债券投资			其他非流动负债		
长期股权投资			非流动负债合计		
固定资产账面价值			负债合计		
在建工程			所有者权益：		
固定资产清理			实收资本（或股本）		
无形资产			资本公积		
开发支出			盈余公积		
长期待摊费用			未分配利润		
非流动资产合计			所有者权益合计		
资产合计			负债和所有者权益合计		

单位负责人： 会计主管： 制表人：

图表 2.161

利润表

会小企 02 表

编制单位：　　　　　　　　　　　　年　月　　　　　　　　　　　　单位：元

项目	本期金额	累计金额
一、营业收入		
减：营业成本		
税金及附加		
销售费用		
管理费用		
财务费用		
加：投资收益（损失以“－”号填列）		
二、营业利润（亏损以“－”号填列）		
加：营业外收入		
减：营业外支出		
三、利润总额（亏损总额以“－”号填列）		
减：所得税费用		
四、净利润（净亏损以“－”号填列）		

注：表中“本期金额”为 5 月发生额，“累计金额”为 1 至 5 月发生额。

模块 3　会计基础信息化综合实训

会计基础信息化是中职会计专业学生专业技能中的核心内容，对学生的综合能力要求很高，是会计专业毕业生综合素质的体现形式之一。在学生完成会计基础课程及初级会计电算化内容的学习之后，非常有必要进行会计基础信息化综合实训：一方面是对学生所学专业知识的全面检验，另一方面是学生入职前的校内综合实训。在学生入职前进行全面、系统的岗前综合实训，通过全面、反复地练习，达到熟能生巧的效果，是学生快速适应会计基础信息化工作的通道，能为学生快速适应会计基础信息化岗位需求奠定基础。

1. 会计基础信息化综合实训目的

通过会计基础信息化综合实训，培养学生对会计业务的综合处理能力，使学生系统地练习畅捷通 T3 财务软件的基本操作流程和具体操作方法，强化学生对会计基础信息化基本理论的理解、基本方法的运用和基本技能的训练，达到熟练运用财务软件进行业务处理的目的；培养学生认真负责的学习态度、永不言弃的信念、严谨的工作作风和高度的敬业精神；提高学生对财务软件的实际操作能力，使学生形成清晰的工作思路，为其从事相关工作打下坚实的基础。

2. 会计基础信息化综合实训要求

（1）实训前，学生应明确会计基础手工账的业务处理流程，明确期末结转的先后顺序，能自主或在教师的指导下完成一个月的业务处理工作。

（2）实训前，学生已经分模块学习了畅捷通 T3 财务软件，要求熟悉每个模块的基本操作，并了解各模块之间的关联。

（3）学生能在教师的指导下，结合所学的基础会计、企业财务会计、会计电算化、经济法基础等知识，逐步提高其分析问题和解决问题的能力。

（4）实训过程中，要求学生养成对遇到的各种问题进行记录的习惯，并记录解决问题的方法、途径，形成自己的实训记录。

（5）全部实训结束后，要求学生写出实训总结，安排专门的时间汇报实训体会，提炼总结、分析问题的能力，达到相互交流、共同提高的效果。

项目 1

期初建账

任务 1　系统管理和基础信息设置

任务描述

录入实训资料。

1. 设置操作人员及分工权限（见图表 3.1）

图表 3.1

设置操作人员及分工权限

编号	姓名	部门	职务	权限	工作职责	密码
CK01	李琦	财务部	账套主管	拥有账套主管所有权限	负责基础档案设置、各模块初始化设置和各类报表的编制	空
CK02	管彰	财务部	会计	拥有总账中除“出纳签字和审核凭证”外的所有权限及固定资产管理模块、工资管理模块权限	负责凭证处理（除出纳签字、审核凭证外），账簿查询，打印，会计档案资料整理及各个模块的相关业务处理，固定资产管理模块及工资管理模块的管理	空
CK03	钱前	财务部	出纳	负责出纳签字、现金管理	对凭证进行出纳签字；管理现金日记账、银行存款日记账、资金日报、银行对账及支票登记	空

2. 建立账套

（1）账套信息。

账套号：001。

账套名称：佛山市乐华皮具有限公司。

账套途径：默认。

启用会计期：2022 年 5 月。

会计期间设置：1 月 1 日至 12 月 31 日。

（2）单位基本信息。

单位名称：佛山市乐华皮具有限公司。

单位简称：乐华公司。

法人代表：乐华。

电话及传真：0757-83000025。

单位地址：佛山市新城区中山九路 12 号。

纳税人识别号：91220082002868799U。

（3）核算类型。

企业记账本位币：人民币；本位币代码：RMB。

企业类型：工业。

行业性质：小企业会计准则（2013 年版）。

是否按照行业性质预设会计科目：是。

账套主管：李琦。

（4）基础信息。

该企业进行经济业务处理时，需要对存货、客户、供应商进行分类管理，无外币业务核算，业务流程均使用标准流程。

（5）分类编码方案。

科目编码级次：42222。

客户分类编码级次：122。

供应商分类编码级次：122。

地区分类编码级次：122。

部门编码级次：122。

存货分类编码级次：2。

其余信息编码方案按系统默认设置。

（6）数据精度：采用系统默认设置。

（7）启用模块：总账模块、固定资产模块、工资管理模块。

（8）启用日期：2022 年 5 月。

任务 2　基础档案设置

任务描述

启动并注册系统，以 CK01 操作员身份进行基础档案设置。

1. 设置部门信息（见图表 3.2）

图表 3.2

设置部门信息

部门编码	部门名称	部门属性
1	企管部	综合管理
2	财务部	财务管理
3	采购部	物资采购
4	销售部	市场营销
5	仓储部	物资保管
6	生产部	产品生产
601	车间办	车间管理
602	手拿包生产线	生产手拿包
603	背包生产线	生产背包

2. 设置职工档案（见图表 3.3）

图表 3.3

设置职工档案

编号	姓名	部门	职工属性
101	乐华	企管部	总经理
201	李琦	财务部	主管
202	管彰	财务部	会计

续表

编号	姓名	部门	职工属性
203	钱前	财务部	出纳
301	李莎	采购部	采购员
302	王琳	采购部	采购员
401	刘明	销售部	销售总监
402	肖军	销售部	销售主管
403	曾光	销售部	销售人员
404	麦成	销售部	销售人员
501	刘湘	仓储部	主管
502	李阳	仓储部	仓管员
601	王聪	车间办	主任
602	陈均	女士手拿包生产线	生产人员
603	陈翔	女士手拿包生产线	生产人员
604	刘川	女士手拿包生产线	生产人员
605	陈数	女士手拿包生产线	生产人员
606	庄黎	女士手拿包生产线	生产人员
607	向凯	背包生产线	生产人员
608	欧阳珺	背包生产线	生产人员
609	林妙	背包生产线	生产人员

3. 设置存货类别编码及名称（见图表 3.4）

图表 3.4

设置存货类别编码及名称

类别编码	类别名称	类别编码	类别名称
01	原材料	03	产成品
02	周转材料	04	其他类

4. 设置客户分类编码及名称（见图表 3.5）

图表 3.5

设置客户分类编码及名称

客户分类编码	客户分类名称
1	批发商

续表

客户分类编码	客户分类名称
2	零售商
3	其他

5. 设置供应商分类编码及名称（见图表 3.6）

图表 3.6

设置供应商分类编码及名称

供应商分类编码	供应商分类名称
1	工业
2	商业
201	实体店
202	网店
3	其他

6. 设置地区分类编码及名称（见图表 3.7）

图表 3.7

设置地区分类编码及名称

地区分类编码	地区分类名称
1	广东省
101	广州市
102	佛山市
103	中山市
104	肇庆市
105	江门市
106	云浮市
107	东莞市
2	其他省
201	北方
202	南方

7. 设置客户档案（见图表3.8）

图表3.8

设置客户档案

客户编号	客户名称	客户简称	分类码	地区分类编码	税号	开户银行	账号	分管部门	业务员	发展日期
001	百安居连锁经营有限责任公司	百安居连锁	1	101	9122008200283900X0	建行广州市中山路营业部	45960021224258223456	销售部	曾光	2022-03-01
002	中山市光明有限责任公司	光明公司	1	103	91400061357902468J	工行中山市中山路支行	4212242582596002123	销售部	刘明	2022-03-18
003	广州市新长工厂	新长工厂	1	101	91448451MA12AJQB4R	农行广州市大德路支行	40120200331100216	销售部	曾光	2022-04-01
004	广州市增城光明工厂	光明工厂	1	101	91441245MA1CLGPK41	工行广州市林德路支行	4211000200331121123	销售部	麦成	2022-04-08
005	广州市东塘皮具有限公司	东塘皮具	1	101	91444561CE45ZEPB7R	工行广州市白云区新桂路支行	4052254071233424212	销售部	麦成	2022-04-20
006	佛山市弘海商贸有限公司	弘海商贸	1	102	91485213648792131J	工行佛山市新马路支行	4587123645792123123	销售部	麦成	2022-01-20
007	佛山市宏达有限责任公司	宏达公司	1	102	91144200115478912S	工行佛山市顺德区支行	4132145789212457812	销售部	刘明	2021-11-18

8. 设置供应商档案（见图表3.9）

图表3.9

设置供应商档案

供应商编号	供应商名称	供应商简称	分类码	地区分类编码	税号	开户银行	账号	分管部门	业务员	发展日期
001	云浮市七星纺织公司	七星纺织	1	106	91440500489563215J	农行云浮市沿革路支行	34002255711124256	采购部	李莎	2022-02-05
002	东莞市云峰有限公司	东莞云峰	201	107	91406987654321022Q	工行东莞市莞胡路支行	3215678658750881123	采购部	王琳	2022-01-10
003	阿丫丫饰品有限公司	阿丫丫饰品	1	106	91447895125614598L	工行云浮市皇朝路支行	4400225571124567123	采购部	李莎	2020-12-15
004	江门市新芳皮革有限公司	新芳皮革	1	105	914414562563287168	工行江门市蓬江支行	4022557401124567123	采购部	李莎	2020-11-19
005	江门市蓬江皮具公司	蓬江皮具	1	105	91521345921452654G	工行江门市蓬江支行	4512365478911451123	采购部	王琳	2020-12-19

任务 3　会计科目、凭证类别和结算方式设置

任务描述

以 CK01 操作员身份进行账套初始设置。

1. 会计科目设置及 2022 年 5 月月初余额输入（见图表 3.10）

图表 3.10

会计科目设置及 2022 年 5 月月初余额输入

科目编号及名称	辅助项	方向	币别/计量单位	期初余额	
				借方余额	贷方余额
库存现金（1001）	日记账	借		400.00	
银行存款（1002）	银行账、日记账	借		967 843.90	
工行存款（100201）	银行账、日记账	借		967 843.90	
应收票据（1121）	客户往来核算	借			
应收账款（1122）	客户往来核算	借		200 412.00	
预付账款（1123）	供应商往来核算	借		160 000.00	
其他应收款（1221）		借		27 920.52	
社会保险费（122101）		借		21 420.52	
个人应收款（122102）	个人往来核算	借		6 500.00	
在途物资（1402）	供应商往来核算	借		20 000.00	
原材料（1403）		借		112 000.00	
里布（140301）	数量核算	借	米	8 000 @5.00① （详见图表 3.18）	
五金件（140302）	数量核算	借	套	4 000 @10.00 （详见图表 3.18）	
PU 超纤维（140303）	数量核算	借	米	1 000 @32.00 （详见图表 3.18）	
库存商品（1405）		借		241 000.00	

① 此为会计电算化软件针对数量金额式的写法，8 000（米）表示数量，5.00（元）表示单位成本。

续表

科目编号及名称	辅助项	方向	币别/计量单位	期初余额	
				借方余额	贷方余额
女士手拿包（140501）	数量核算	借	个	6 000 @25.00（详见图表 3.19）	
背包（140502）	数量核算	借	个	2 600 @35.00（详见图表 3.19）	
固定资产（1601）		借		4 600 000.00	
累计折旧（1602）		贷			858 300.00
长期待摊费用（1801）		借		3 200.00	
短期借款（2001）		贷			60 000.00
应付账款（2202）		贷			80 000.00
应付购货款（220201）	供应商往来核算	贷			80 000.00
暂估应付款（220202）	供应商往来核算	贷			
预收账款（2203）	客户往来核算	贷			
应付职工薪酬（2211）		贷			260 628.82
应付职工工资（221101）		贷			171 016.01
职工福利费（221102）		贷			
工会经费（221103）		贷			4 416.60
社会保险费（221104）		贷			41 030.21
基本养老保险费（22110401）		贷			30 916.20
基本医疗保险费（22110402）		贷			8 833.20
工伤保险费（22110403）		贷			220.83
失业保险费（22110404）		贷			1 059.98
住房公积金（221105）		贷			26 499.60
职工教育经费（221106）		贷			17 666.40
应交税费（2221）		贷			31 203.20
应交增值税（222101）		贷			
进项税额（22210101）		贷			
已交税金（22210103）		贷			15 360.00
转出未交增值税（22210105）		贷			
销项税额（22210106）		贷			
进项税额转出（22210107）		贷			
未交增值税（222102）		贷			
应交企业所得税（222106）		贷			14 000.00
应交城市维护建设税（222108）		贷			1 075.20
应交个人所得税（222112）		贷			
应交教育费附加（222113）		贷			460.80

续表

科目编号及名称	辅助项	方向	币别/计量单位	期初余额	
				借方余额	贷方余额
应交地方教育附加（222118）		贷			307.20
应付利息（2231）		贷			6 304.80
其他应付款（2241）		贷			26 499.60
住房公积金（224101）		贷			26 499.60
长期借款（2501）		贷			1 000 800.00
实收资本（3001）		贷			3 500 000.00
资本公积（3002）		贷			58 000.00
盈余公积（3101）		贷			44 290.00
法定盈余公积（310101）		贷			44 290.00
任意盈余公积（310102）		贷			
本年利润（3103）		贷			346 750.00
利润分配（3104）		贷			60 000.00
提取法定盈余公积（310402）		贷			
提取任意盈余公积（310409）		贷			
应付利润（310410）		贷			
未分配利润（310415）		贷			60 000.00
生产成本（4001）		借			
基本生产成本（400101）		借			
女士手拿包（40010101）		借			
男士手拿包（40010102）		借			
背包（40010103）		借			
辅助生产成本（400102）		借			
制造费用（400103）		借			
制造费用（4101）		借			
人工费（410101）		借			
折旧费（410102）		借			
办公费（410103）		借			
财产保险费（410104）		借			
材料费（410105）		借			
制造费用转出（410106）		借			
主营业务收入（5001）		贷			
女士手拿包（500101）	数量核算	贷	个		
背包（500102）	数量核算	贷	个		
其他业务收入（5051）		贷			

续表

科目编号及名称	辅助项	方向	币别/计量单位	期初余额	
				借方余额	贷方余额
里布（505101）	数量核算	贷	米		
营业外收入（5301）		贷			
核销未付款（530101）		贷			
核销账款（530105）		借			
主营业务成本（5401）		借			
女士手拿包（540101）	数量核算	借	个		
背包（540102）	数量核算	借	个		
其他业务成本（5402）		借			
里布（540201）	数量核算	借	米		
销售费用（5601）		借			
工资（560101）		借			
职工福利费（560102）		借			
工会经费（560103）		借			
职工教育经费（560104）		借			
社会保险费（560105）		借			
住房公积金（560106）		借			
折旧费（560107）		借			
办公费（560108）		借			
差旅费（560109）		借			
广告费（560110）		借			
水电费（560111）		借			
材料费（560112）		借			
管理费用（5602）		借			
工资（560201）		借			
财产保险费（560202）		借			
工会经费（560203）		借			
职工教育经费（560204）		借			
社会保险费（560205）		借			
住房公积金（560206）		借			
折旧费（560207）		借			
办公费（560208）		借			
差旅费（560209）		借			
维修费（560210）		借			
水电费（560211）		借			

续表

科目编号及名称	辅助项	方向	币别/计量单位	期初余额	
				借方余额	贷方余额
房租费（560212）		借			
材料费（560213）		借			
通信费（560214）		借			
交通费（560215）		借			
汽油费（560216）		借			
无形资产摊销（560217）		借			
财务费用（5603）		借			
利息费用（560301）		借			
汇兑损益（560302）		借			
现金折扣（560303）		借			
营业外支出 （5711）		借			
捐款（571101）		借			
坏账损失（571106）		借			
盘亏（571107）		借			

注：为方便操作，假设从 5 月开始实施会计信息化，年初数等于 5 月的期初余额。

2. 指定科目

以账套主管（CK01）的身份指定会计科目：库存现金总账指定为“库存现金”，银行存款总账指定为“银行存款”。

3. 凭证类别

以账套主管（CK01）的身份完成通用记账凭证类别的设置。

4. 设置结算方式（见图表 3.11）

图表 3.11

设置结算方式

结算方式编码	结算方式名称	票据管理
1	现金结算	否
2	支票结算	是
201	现金支票	是
202	转账支票	是
3	银行汇票	否

续表

结算方式编码	结算方式名称	票据管理
4	汇兑	否
401	电汇	否
402	信汇	否
5	网银支付	否
6	委托收款	否
7	托收承付	否
8	其他	否

5. 设置付款条件（见图表 3.12）

图表 3.12

设置付款条件

编码	信用天数	优惠天数 1	优惠率（%）	优惠天数 2	优惠率（%）	优惠天数 3	优惠率（%）
01	30	10	1.8	15	1.5		
02	45	15	2	30	1.5	35	1
03	60	5	3	30	1.5	45	1

6. 开户银行设置

编码为001；名称为中国工商银行佛山市新城区支行，账号为4002123596217954312。暂封标志位：否。

任务 4　总账模块启用与期初余额输入

任务描述

以 CK01 操作员身份进行总账模块启用与期初余额输入。

1. 设置总账模块控制参数

（1）制单控制：设置“制单序时控制”；设置支票控制；设置资金及往来赤字控制；允许修改、作废他人填制的凭证；允许查看他人填制的凭证；可以使用其他模块受控科目。

（2）凭证控制：打印凭证页脚姓名；设置“出纳凭证必须由出纳签字”。

（3）凭证编号方式：系统编号。

（4）外币核算：固定汇率。

（5）新增凭证时，自动带入的凭证日期：最后一次输入的凭证日期。

（6）其他项目为默认值。

2. 输入期初余额（见图表 3.13～图表 3.19）

图表 3.13

应收账款（1122）期初余额明细资料

日期	凭证号	客户简称	摘要	方向	期初余额	业务员	发票号
2021-12-01	记-2	光明公司	销售产品	借	104 000.00	刘明	202112010
2022-04-12	记-15	新长工厂	销售产品	借	96 000.00	曾光	202241212
2018-06-10	记-39	弘海商贸	货款	借	412.00	曾光	201806107

图表 3.14

预付账款（1123）期初余额明细资料

日期	凭证号	供应商简称	摘要	方向	期初余额	业务员	发票号
2022-04-10	记-29	蓬江皮具	预付款	借	160 000.00	王琳	202241035

图表 3.15

其他应收款（1221）期初余额明细资料

日期	凭证号	客户	个人	摘要	方向	期初余额
2022-04-28	记-15	采购部	王琳	出差借款	借	2 500.00
2022-04-30	记-23	采购部	李莎	出差借款	借	4 000.00

图表 3.16

在途物资（1402）期初余额明细资料

日期	凭证号	供应商简称	摘要	方向	期初余额	业务员	发票号
2022-04-28	记-45	蓬江皮具	在途物资	借	20 000.00	王琳	202242848

图表 3.17

应付账款（2202）期初余额明细资料

日期	凭证号	供应商简称	摘要	方向	期初余额	业务员	发票号
2022-03-28	记-31	东莞云峰	购料，付款	贷	70 000.00	李莎	202232856
2022-04-16	记-32	蓬江皮具	付货款	贷	10 000.00	王琳	202241672

图表 3.18

原材料（1403）期初余额明细资料

品种	单位	数量	单位成本（元）	金额（元）
里布	米	8 000	5.00	40 000.00
五金件	套	4 000	10.00	40 000.00
PU 超纤维	米	1 000	32.00	32 000.00
合计				112 000.00

图表 3.19

库存商品（1405）期初余额明细资料

品种	单位	数量	单位成本（元）	金额（元）
女士手拿包	个	6 000	25.00	150 000.00
背包	个	2 600	35.00	91 000.00
合计				241 000.00

3. 总账模块期初对账、试算平衡

任务 5　固定资产管理模块初始参数设置

任务描述

以 CK01 操作员身份进行固定资产管理模块启用与期初余额输入。

1. 设置固定资产管理模块控制参数（见图表 3.20）

图表 3.20

设置固定资产管理模块控制参数

控制参数	参数设置
约定与说明	我同意
启用月份	2022.05
折旧信息	● 本账套计提折旧 ● 折旧方法：平均年限法 ● 折旧汇总分配周期：1 个月 ● 当月初已计提月份=可使用月份-1 时，将剩余折旧全部提足
编码方式	资产类别编码方式：2 1 1 2 固定资产编码方式：按“类别编码+部门编码+序号”自动编码；卡片序号长度为 3
财务接口	与账务系统进行对账 对账科目： ● 固定资产对账科目：1601 固定资产 ● 累计折旧对账科目：1602 累计折旧 ● 可纳税调整的增加方式：直接购入
补充参数	● 业务发生后立即制单 ● 在对账不平情况下允许月末结账 ● 月末结账前一定要完成制单和登账业务 ● 固定资产默认入账科目：1601，累计折旧默认入账科目：1602 ● 可抵扣税额入账科目：22210101　应交税费——应交增值税（进项税额）

2. 设置资产类别（见图表 3.21）

图表 3.21

设置资产类别

编码	类别名称	净残值率	年限（年）	单位	计提属性	折旧方法
01	房屋	5%			正常计提	平均年限法（一）
011	经营用房屋	5%	20	间	正常计提	平均年限法（一）
012	非经营用房屋	5%	20	间	正常计提	平均年限法（一）
02	建筑物	5%	20	栋	正常计提	平均年限法（一）
03	机器设备	4%			正常计提	平均年限法（一）
031	经营用设备	4%	10	台	正常计提	平均年限法（一）
032	非经营用设备	4%	10	台	正常计提	平均年限法（一）

注：其他项目为默认设置。

3. 设置部门及对应折旧科目（见图表 3.22）

图表 3.22

设置部门及对应折旧科目

部门	对应折旧科目
企管部、财务部、采购部、仓储部	管理费用/折旧费
销售部	销售费用/折旧费
生产部	制造费用/折旧费

4. 设置资产增减方式及对应入账科目（见图表 3.23）

图表 3.23

设置资产增减方式及对应入账科目

增减方式目录	对应入账科目
增加方式	
直接购入	100201，人民币户
在建工程转入	1604，在建工程
减少方式	
毁损	1606，固定资产清理
盘亏	1901，待处理非流动资产损溢

5. 设置固定资产原始卡片（见图表 3.24）

图表 3.24

设置固定资产原始卡片

固定资产名称	类别编号	所在部门	增加方式	可使用年限（年）	开始使用日期	原值（元）	累计折旧（元）	对应折旧科目
车间用房屋	011	车间办	直接购入	20	2017.05.01	1 600 000.00	373 666.67	制造费用/折旧费
管理部门用房屋	012	企管部	直接购入	20	2017.11.01	800 000.00	167 833.33	管理费用/折旧费
生产设备	031	车间办	直接购入	10	2020.10.01	2 200 000.00	316 800.00	制造费用/折旧费
合计						4 600 000.00	858 300.00	

注：使用状况均为“在用”，折旧方法均采用平均年限法（一）。

任务 6　工资管理模块初始参数设置

任务描述

以 CK01 操作员身份进行工资管理模块初始参数设置。

1. 建立工资账套

①工资类别个数：单个；②核算币种：人民币（RMB）；③要求代扣个人所得税：不进行扣零处理；④人员编码长度：3 位；⑤启用日期：2022 年 5 月 1 日。

2. 设置基础信息

（1）设置人员类别。

①管理人员；②车间主任；③销售总监；④销售人员；⑤生产人员。

（2）设置人员附加信息。

增加“性别”“身份证号码”作为人员附加信息。

（3）设置工资项目（见图表 3.25）。

图表 3.25

设置工资项目

项目名称	类型	长度	小数位数	增减项
基本工资	数字	8	2	增项
岗位工资	数字	8	2	增项
津贴补贴	数字	8	2	增项
应发合计	数字	10	2	增项
请假天数	数字	4	2	其他
请假扣款	数字	8	2	减项
应付工资	数字	8	2	增项
前期累计收入	数字	8	2	增项
本期累计收入	数字	8	2	增项
累计减除费用	数字	8	2	减项
个人缴纳的养老保险金	数字	8	2	减项

续表

项目名称	类型	长度	小数位数	增减项
个人缴纳的医疗保险金	数字	8	2	减项
个人缴纳的失业保险金	数字	8	2	减项
个人缴纳的住房公积金	数字	8	2	减项
本月专项扣除	数字	8	2	减项
本期累计专项扣除	数字	8	2	减项
前期累计专项扣除	数字	8	2	减项
子女教育	数字	8	2	减项
继续教育	数字	8	2	减项
大病医疗	数字	8	2	减项
住房贷款利息	数字	8	2	减项
住房租金	数字	8	2	减项
赡养老人	数字	8	2	减项
本月专项附加扣除	数字	8	2	减项
本期累计专项附加扣除	数字	8	2	减项
前期累计专项附加扣除	数字	8	2	减项
累计确定的其他扣除额	数字	8	2	减项
累计扣缴应纳税所得额	数字	8	2	减项
代扣税	数字	10	2	减项
本期应预扣预缴税额	数字	8	2	减项
累计已预扣预缴税额	数字	8	2	减项
实发合计	数字	10	2	增项

（4）银行名称。

名称：中国工商银行佛山市新城区支行；账号定长：19 位；自动带出：17 位。

（5）正式人员档案（见图表 3.26）。

图表 3.26

正式人员档案

编号	姓名	性别	身份证号码	部门	类别	账号	是否中方人员	是否计税
101	乐华	女	44060619680512364X	企管部	管理人员	6222082013005314801	是	是
201	李琦	男	440606197806127890	财务部	管理人员	6222082013005314802	是	是
202	管彰	女	513901198306094789	财务部	管理人员	6222082013005314803	是	是
203	钱前	男	410601198902253931	财务部	管理人员	6222082013005314804	是	是

续表

编号	姓名	性别	身份证号码	部门	类别	账号	是否中方人员	是否计税
301	李莎	女	550101198205120029	采购部	管理人员	6222082013005314805	是	是
302	王琳	男	32150219650619001X	采购部	管理人员	6222082013005314806	是	是
401	刘明	男	654101198002115411	销售部	销售总监	6222082013005314807	是	是
402	肖军	女	512401198302055688	销售部	销售主管	6222082013005314808	是	是
403	曾光	男	44060619910101123X	销售部	销售人员	6222082013005314809	是	是
404	麦成	男	440606197502184538	销售部	销售人员	6222082013005314810	是	是
501	刘湘	女	440606198405154788	仓储部	管理人员	6222082013005314811	是	是
502	李阳	男	440606198804120155	仓储部	管理人员	6222082013005314812	是	是
601	王聪	男	510301197205161575	车间办	车间主任	6222082013005314813	是	是
602	陈均	男	440606197802011516	女士手拿包生产线	生产人员	6222082013005314814	是	是
603	陈翔	男	51390119780101477X	女士手拿包生产线	生产人员	6222082013005314815	是	是
604	刘川	男	44060620001201459X	女士手拿包生产线	生产人员	6222082013005314816	是	是
605	陈数	女	440312198511024865	女士手拿包生产线	生产人员	6222082013005314817	是	是
606	庄黎	女	513901198608221261	女士手拿包生产线	生产人员	6222082013005314818	是	是
607	向凯	男	440606197102154532	背包生产线	生产人员	6222082013005314819	是	是
608	欧阳珺	男	440606198805209573	背包生产线	生产人员	6222082013005314820	是	是
609	林妙	女	440606199108087886	背包生产线	生产人员	6222082013005314821	是	是

注：以上所有人员的代发银行均为工行佛山市新城区支行。

（6）正式人员工资计算公式（见图表 3.27）。

图表 3.27

正式人员工资计算公式

工资项目	定义公式
岗位工资（IFF 定义）	企管部 3 500、财务部 3 000、采购部 2 500、销售部 2 800、其他部门 2 000
津贴补贴（IFF 定义）	管理人员 500、车间主任 500、其他人员 350
应发合计	基本工资+岗位工资+津贴补贴
请假扣款	请假天数×30
应付工资	应发合计−请假扣款
本期累计收入	应付工资+前期累计收入
累计减除费用	25 000
个人缴纳的养老保险金	应付工资×0.08
个人缴纳的医疗保险金	应付工资×0.015
个人缴纳的失业保险金	应付工资×0.002

续表

工资项目	定义公式
个人缴纳的住房公积金	应付工资×0.12
本月专项扣除	个人缴纳的养老保险金+个人缴纳的医疗保险金+个人缴纳的失业保险金+个人缴纳的住房公积金
本期累计专项扣除	前期累计专项扣除+本月专项扣除
本月专项附加扣除	子女教育+继续教育+大病医疗+住房贷款利息+住房租金+赡养老人
本期累计专项附加扣除	前期累计专项附加扣除+本月专项附加扣除
累计扣缴应纳税所得额	IFF（本期累计收入-累计减除费用-本期累计专项扣除-本期累计专项附加扣除-累计确定的其他扣除额>0，本期累计收入-累计减除费用-本期累计专项扣除-本期累计专项附加扣除，0）
代扣税	累计扣缴应纳税所得额×预扣率-速算扣除数
本期应预扣预缴税额	代扣税-累计已预扣预缴税额
实发合计	应付工资-本月专项扣除-本期应预扣预缴税额

（7）设置权限。

设置“管彰”为工资类别的主管。

3. 设置工资期初数据

5 月正式人员工资变动情况如图表 3.28 和图表 3.29 所示。

图表 3.28

5 月正式人员工资变动情况

编号	姓名	基本工资	请假天数	前期累计收入	前期累计专项扣除	前期累计专项附加扣除	累计已预扣预缴税额
101	乐华	15 000		76 000	16 492.00	2 000	1 230.80
201	李琦	8 000		46 000	9 982.00	4 000	360.54
202	管彰	6 800		41 200	8 940.40	1 600	319.79
203	钱前	7 500	1	43 880	9 521.96	2 000	370.74
301	李莎	7 800		43 200	9 374.40	2 000	354.77
302	王琳	6 500		38 000	8 246.00	4 000	172.62
401	刘明	12 000		60 600	13 150.20	0	823.49
402	肖军	10 000		52 600	11 414.20	0	635.57
403	曾光	10 000	2	52 360	11 362.12	4 000	509.94
404	麦成	9 500		50 600	10 980.20	2 000	528.59
501	刘湘	6 700		36 800	7 985.60	2 400	192.43
502	李阳	5 800		33 200	7 204.40	0	179.87
601	王聪	6 800		37 200	8 072.40	0	273.83

续表

编号	姓名	基本工资	请假天数	前期累计收入	前期累计专项扣除	前期累计专项附加扣除	累计已预扣预缴税额
602	陈均	7 500	0.5	39 340	8 536.80	0	324.10
603	陈翔	6 500		35 400	7 681.80	7 200	15.55
604	刘川	6 400	2	34 760	7 542.92	0	216.51
605	陈数	6 000		33 400	7 247.80	0	184.57
606	庄黎	5 800	2.5	32 300	7 009.12	0	158.73
607	向凯	4 500		27 400	5 945.80	0	43.63
608	欧阳珺	5 100	1	29 680	6 440.56	0	97.18
609	林妙	7 500		39 400	8 549.80	2 000	265.51

图表 3.29

员工 5 月个人专项附加扣除项目

编号	姓名	子女教育	继续教育	大病医疗	住房贷款利息	住房租金	赡养老人
101	乐华	500					
201	李琦						1 000
202	管彰		400				
203	钱前	500					
301	李莎			500			
302	王琳						1 000
403	曾光				1 000		
404	麦成	500					
501	刘湘			600			
603	陈翔					800	1 000
609	林妙		500				

4. 代扣个人所得税

按累计扣缴应纳税所得额扣除，基数为 0，附加费用为 0。修改的税率如图表 2.5 所示。

注意：先将旧的所得税税率表删除，再按照图表 2.5 所示税率表进行修改，以便计算出正确的个人所得税。

5. 工资分摊（见图表 3.30）

（1）按应付工资的 100%分配工资费用。

（2）按应付工资的2%计提工会经费。

（3）按应付工资的8%计提职工教育经费。

（4）按应付工资的14%计提企业承担的基本养老保险。

（5）按应付工资的4%计提企业承担的基本医疗保险（含生育保险）。

（6）按应付工资的0.48%计提企业承担的失业保险。

（7）按应付工资的0.1%计提企业承担的工伤保险。

（8）按应付工资的12%计提企业承担的住房公积金。

图表 3.30

工资分摊

<table>
<tr><td colspan="2">分摊项目</td><td>借方</td><td>贷方</td></tr>
<tr><td colspan="2">分摊部门</td><td></td><td></td></tr>
<tr><td>企管部
财务部
采购部
仓储部</td><td>管理人员</td><td></td><td></td></tr>
<tr><td rowspan="2">销售部</td><td>销售总监</td><td></td><td></td></tr>
<tr><td>销售人员</td><td></td><td></td></tr>
<tr><td rowspan="3">生产部</td><td>车间办</td><td></td><td></td></tr>
<tr><td>女士手拿包生产线人员</td><td></td><td></td></tr>
<tr><td>背包生产线人员</td><td></td><td></td></tr>
</table>

注：假设佛山市乐华皮具有限公司缴费工资（上年度月平均工资）等于本月应付工资，按此计提各项目。

项目2

日常业务处理

任务1　日常账务处理

任务描述

对佛山市乐华皮具有限公司2022年5月发生的经济业务进行日常账务处理。

1. 实训内容

以CK02操作员身份在各相关模块进行日常账务处理。

2. 实训资料

（1）佛山市乐华皮具有限公司2022年5月发生的经济业务参见模块2中的项目2“手工综合项目实训资料”，进行记账凭证的填制。

（2）对填制完成的记账凭证，以CK03操作员身份进行出纳签字；以CK01操作员身份进行审核和记账。

任务2　期末账务处理

任务描述

对佛山市乐华皮具有限公司2022年5月发生的经济业务进行期末账务处理。

1. 实训内容

根据经济业务内容，以 CK01 操作员身份在各相关模块进行月末账务处理。

2. 实训资料

（1）5 月 31 日，运用自动转账功能，进行损益账户的结转，要求收入和支出分两张凭证进行结转。

（2）5 月 31 日，预提本月应缴企业所得税，并结转。

（3）5 月 31 日，利用自定义转账功能，按本月净利润的 10%和 5%分别提取法定盈余公积和任意盈余公积。

（4）5 月 31 日，以 CK01 操作员身份对所有凭证进行审核和记账。

（5）进行工资管理模块月末账务处理。

（6）进行固定资产管理模块月末账务处理。

（7）进行总账模块月末账务处理。

（8）5 月 31 日，在总账模块中进行账套的对账、记账及结账。

任务 3　编制会计报表

任务描述

编制佛山市乐华皮具有限公司 2022 年 5 月的会计报表。

1. 编制资产负债表

5 月 31 日，以 CK01 操作员身份利用《小企业会计准则》（2013 年版）报表模板，输入关键字取数，生成资产负债表。

2. 编制利润表

5 月 31 日，以 CK01 操作员身份利用《小企业会计准则》（2013 年版）报表模板，输入关键字取数，生成利润表。

模块 4　会计档案的装订

会计档案的装订主要包括会计凭证、会计账簿、会计报表及其他文字资料的装订。具体的范围包括原始凭证、记账凭证、科目汇总表、银行对账单等。其中，科目汇总表的工作底稿可以装订在内，作为科目汇总表的附件。另外，转账凭证清单等也应装订在内。

项目1

会计资料的整理

任务　整理会计资料

通过整理会计资料，可使学生对会计核算程序进行一次总复习，并学会整理票据、粘贴凭证、装订凭证、整理账簿和装订会计报表。

任务描述

1. 整理会计资料

根据佛山市乐华皮具有限公司2022年5月发生的经济业务，整理票据，填制会计凭证，登记账簿，编制会计报表。

2. 具体操作步骤

（1）将原始凭证附在记账凭证后面，按顺序将记账凭证编号，加记账凭证封页，按规定将会计凭证装订成册。

（2）将账簿按总账、明细账等要求进行编号。

（3）按资产负债表、利润表的顺序给会计报表加封面，装订成册。

（4）检查各项手续是否齐全。例如，检查报表、会计凭证有关人员是否签章等。

3. 具体要求

（1）检查所附原始凭证的张数与记账凭证上记录的张数是否相符。

（2）检查记账凭证编号是否正确。

（3）记账凭证封页上的内容应填写齐全。

（4）装订成册的记账凭证应整齐、整洁。

（5）除会计报表需要复写（可用圆珠笔填写）外，其余均用碳素墨水笔进行填写。

4. 会计凭证的粘贴

（1）在实际会计工作中，原始凭证种类繁多，为了便于装订和保管，需要对其进行必要的外形加工。

（2）票据粘贴的方法多样，应根据票据的多少、纸张的大小，选择合适的方法，并以整个票据平整、美观为准。

（3）粘贴票据时要求正面朝上，以便日后审核与查阅。

（4）应将同类型的票据粘贴在一起。

（5）对于大张的票据只需粘贴其左上角，对于小张的票据需均匀地将其粘贴在粘贴单上，不能厚薄不均。

（6）粘贴多张凭证时，要对齐背后的粘贴单，粘贴完一张票据后，约错开 1cm 的距离，继续粘贴下一张。其示例如图表 4.1 所示。

图表 4.1

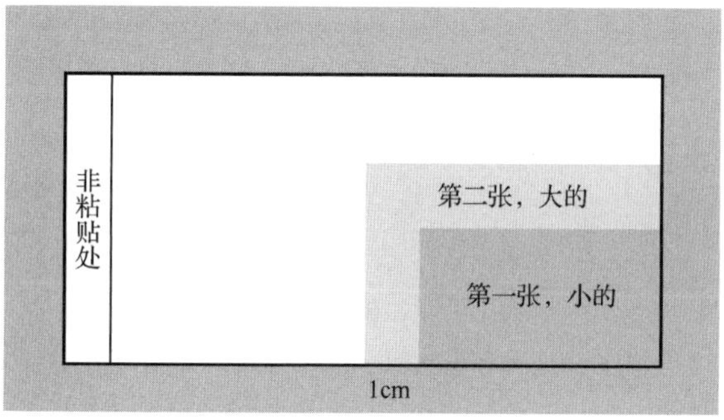

粘贴会计凭证示例 1

（7）如果票据比较多，则可以适当增加数量，采用鱼鳞贴票法，分类粘贴妥当。其示例如图表 4.2 所示。

图表 4.2

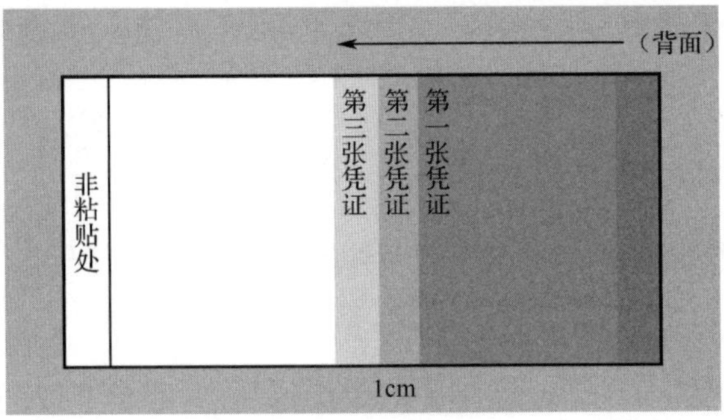

粘贴会计凭证示例 2

（8）粘贴。①粘贴时首选胶水，其次是固体胶；②粘贴凭证的顺序，从正面看为由左向右，由小到大；③如果遇到发票面积较大，超过粘贴单上下限或左右限时，可以在不影响内容的情况下进行缩放，并以缩放的复印件作为凭证。

（9）裁剪折叠时，需要注意凭证的内容不被裁剪，对需要折叠的凭证（发票超过了粘贴单），应以粘贴单的右上角为基准对齐粘贴，并对超出部分进行折叠。

项目 2

会计凭证的装订

会计凭证的装订就是将一札一札的会计凭证装订成册，以便保管和利用。会计凭证记账后，应及时装订，这是每个会计人员必备的一项技能。

会计人员只有掌握了各种会计凭证的装订技能，才能更好地提高工作效率。

任务 1　手工打孔装订

任务描述

会计人员应掌握手工打孔装订会计凭证的技能。

1. 手工打孔装订前的准备

（1）需准备的工具和原料如下。

凭证封面、底面、锥子、专门用于装订会计凭证的针（回形针、大头针）、装订线、胶水、夹子、对角纸（会计装订专用）。

（2）需进行的准备工作如下。

① 分类整理，按顺序排列凭证，检查日数、编号是否齐全，用液体胶（或固体胶）在记账凭证后面贴上相应的附件（注意，附件发生的业务必须完全相同、金额必须完全相等，以便日后查账）。

③ 摘除记账凭证内的金属物（如订书钉、大头针、回形针），对大的账页或附件要折叠成记账凭证大小，且要避开装订线，以便翻阅时保持数字完整。

④ 整理/检查凭证顺序号，如有颠倒要重新排列，发现缺号后要查明原因；检查附件是否有漏缺，领料单、入库单、工资、奖金发放单是否随附齐全。

⑤ 检查记账凭证上有关人员（如财务主管、复核、记账、制单等）的印章是否齐全。

2. 手工打孔装订的操作步骤

（1）首先将整个月份的会计凭证整理好，不能缺少必要的附件。然后将凭证封面和封底裁开，分别附在凭证前面和后面。注意，所有会计凭证一定要对齐，最好用夹子夹紧，如图表 4.3 所示。

图表 4.3

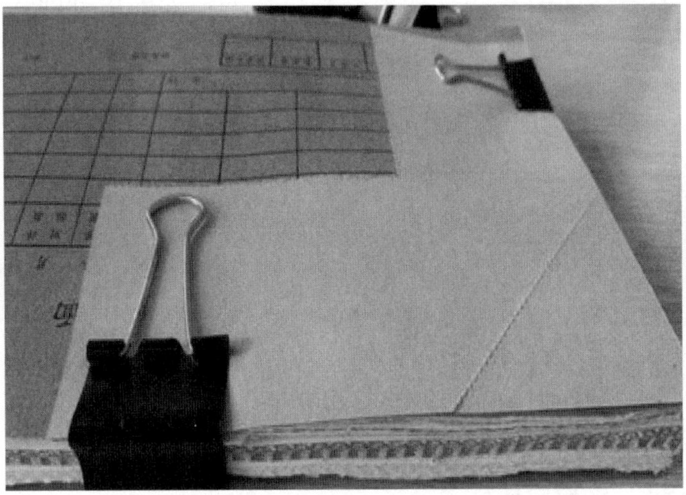

夹紧凭证

（2）在会计凭证的左上角画一个边长为 5cm 的等腰三角形，用夹子夹住，并用装订机在底线上分布均匀地打两个洞，注意两个洞的距离（2cm）及其与对角纸折线的距离，防止订到附件上的内容，如图表 4.4 所示。

图表 4.4

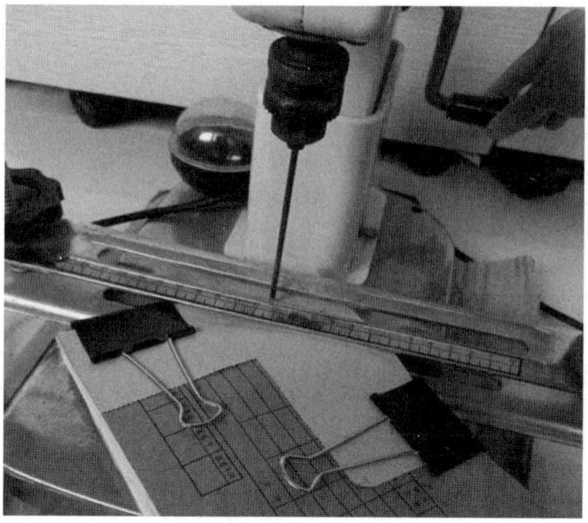

在会计凭证上打洞

（3）首先用大头针穿过两个洞，用线把会计凭证紧紧固定，防止散开。然后在会计凭证的背面打结，线绳最好在会计凭证中端系上，从而使会计凭证更加工整，如图表 4.5 所示。

图表 4.5

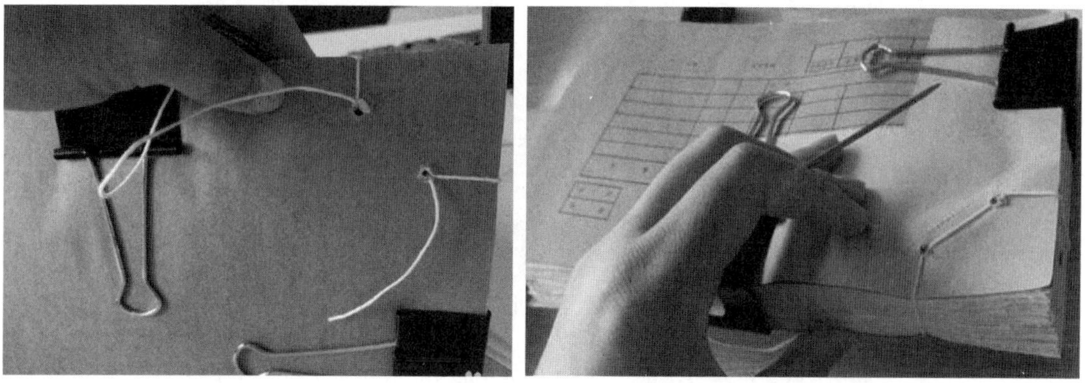

用线绳固定会计凭证

（4）首先卸下夹子，把胶水涂在对角纸虚线内，然后把对角纸折过去。注意，粘贴面都要涂上胶水，以便固定住会计凭证，如图表 4.6 所示。

图表 4.6

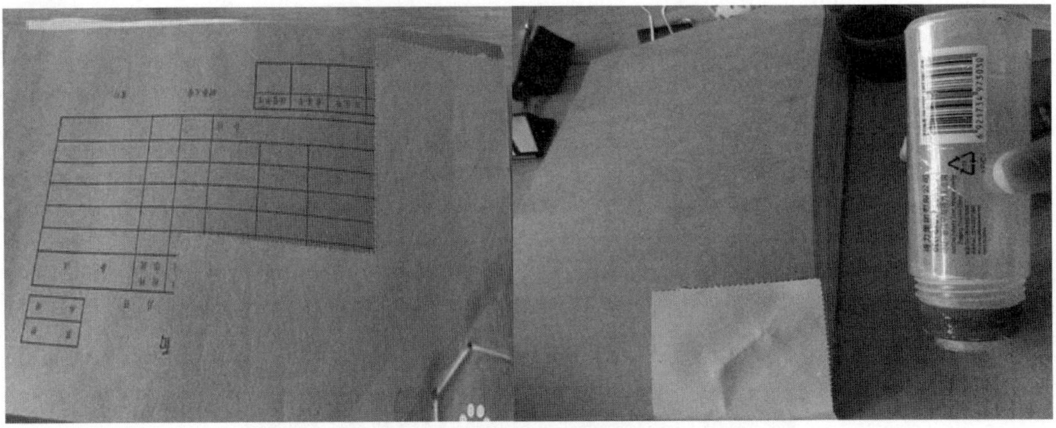

用胶水粘贴会计凭证

（5）待晾干后，在会计凭证本的脊背上面写上“某年某月、第几册、共几册”等字样。装订人在装订线封签处签名或者盖章。现金凭证、银行凭证和转账凭证最好依次顺序编号，一个月从头编一次序号，如果单位的会计凭证较少，可以全年顺序编号，以便查阅，如图表 4.7 所示。

图表 4.7

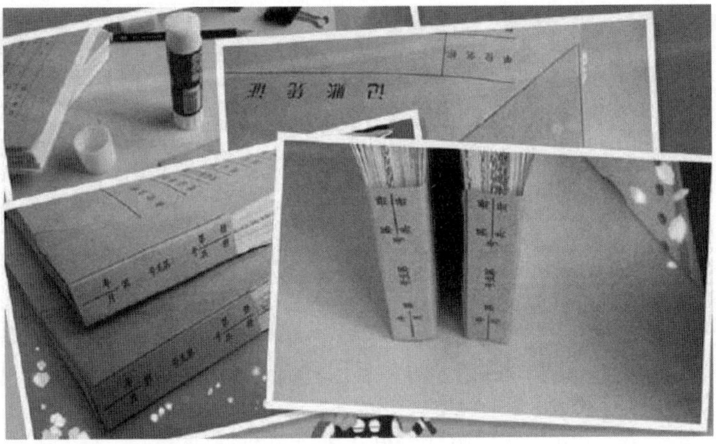

设计会计凭证本

（6）将装订好的会计凭证装入盒中码放保管，如图表 4.8 所示。

图表 4.8

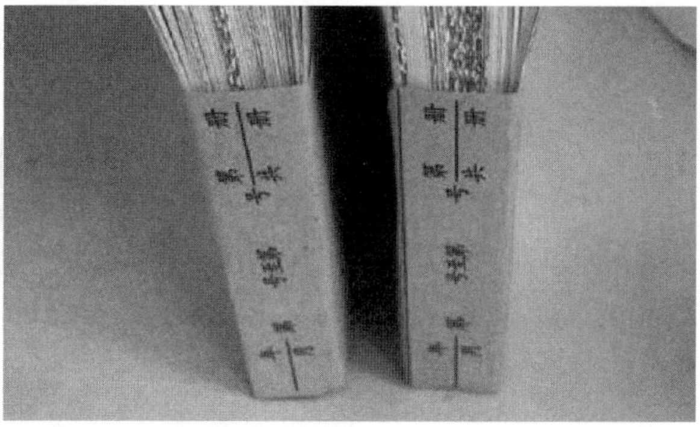

将会计凭证装入盒中

注意事项：

装订好的会计凭证应牢固、平整，不得出现折角、缺角、错页、掉页、加空白纸等现象。封口处要加盖章。

任务 2　铆管财务装订机装订

任务描述

会计人员应掌握用铆管财务装订机装订会计凭证的技能。

1. 认识铆管财务装订机的结构（见图表 4.9）

图表 4.9

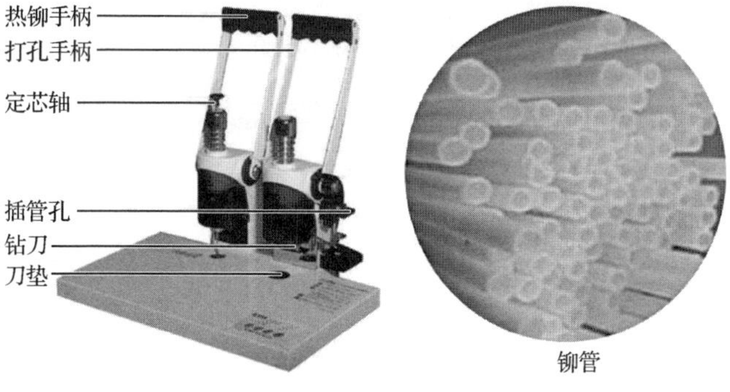

铆管财务装订机的结构

2. 整理需要装订的会计凭证（见图表 4.10）

图表 4.10

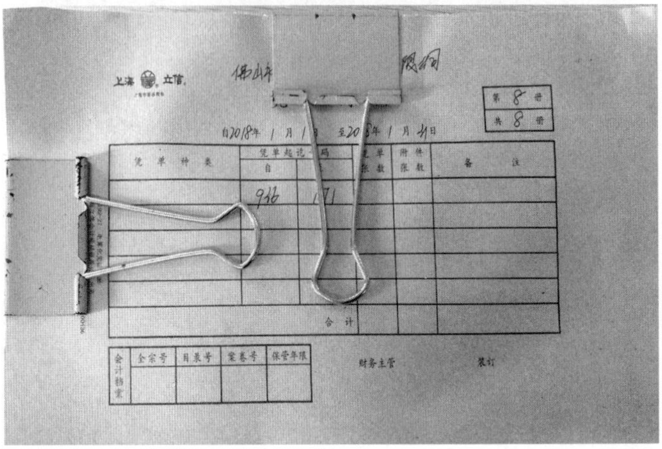

整理需要装订的会计凭证

3. 铆管装订会计凭证的步骤（微课）

（1）插上电源，打开电源开关，Power 指示灯变红，如图表 4.11 所示。

图表 4.11

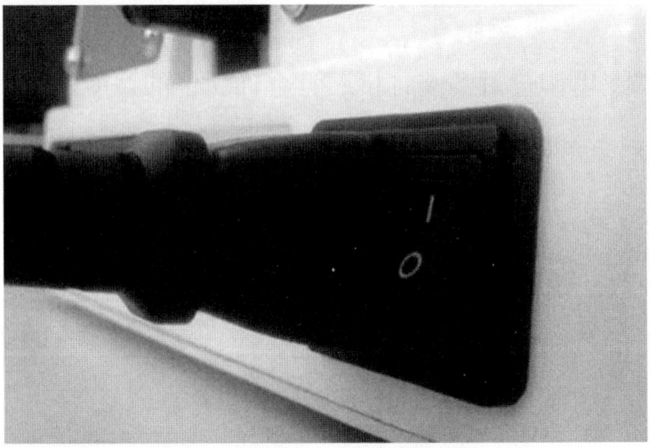

插上并打开电源

（2）Power 指示灯变亮，如图表 4.12 所示。

图表 4.12

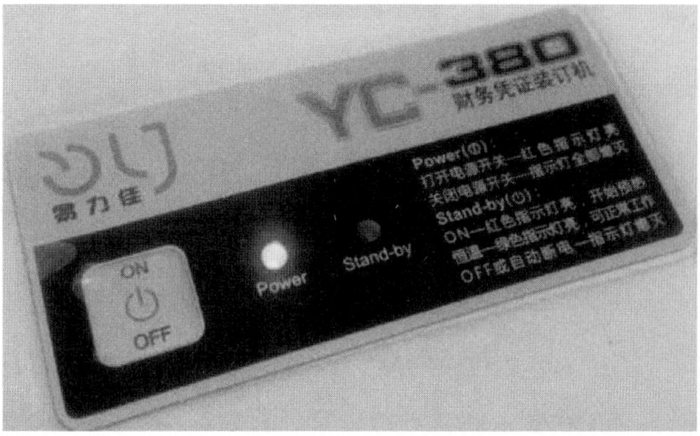

Power 指示灯变亮

（3）按下 ON/OFF 键进行预热，Stand-by 指示灯变红，表示铆头正在预热，预热约 2 分钟后，Stand-by 指示灯变绿。

（4）将铆管插入入料口，注意要插到底部，如图表 4.13 所示。

（5）旋转调节旋钮，调节打孔边距，如图表 4.14 所示。

图表 4.13

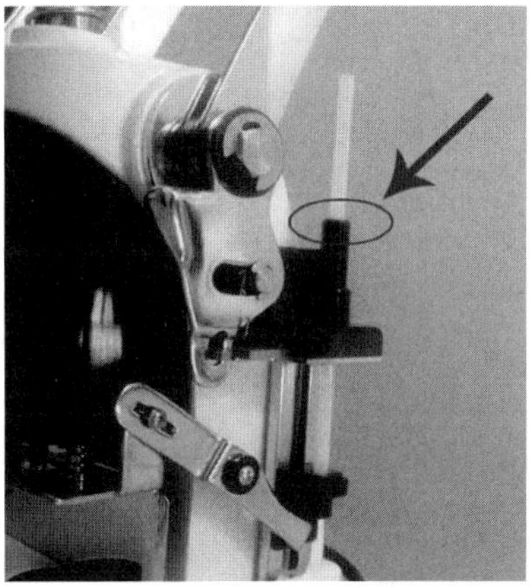

将铆管插入入料口

图表 4.14

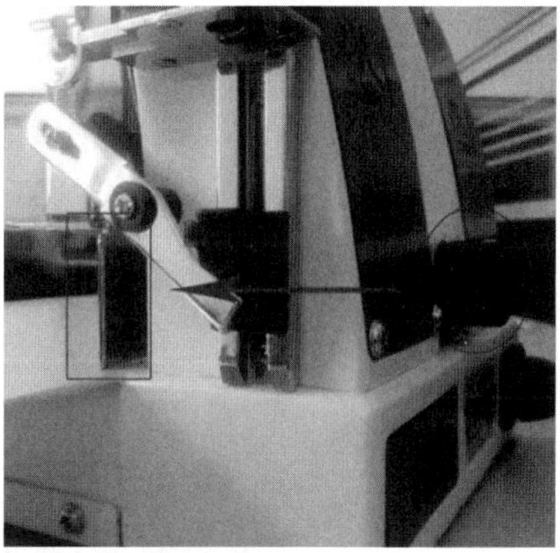

调节打孔边距

（6）将会计凭证放在工作台面上，并调整到合适位置，如图表 4.15 所示。

（7）压下打孔手柄，进行打孔，如图表 4.16 所示。

（8）从切管架处取下机器自动切好的铆管，插入打好的孔内，如图表 4.17 所示。

（9）将会计凭证移到压铆处，下压定芯轴穿过会计凭证里的铆管，且直达下铆头，如图表 4.18 所示。

图表 4.15

调整会计凭证的位置

图表 4.16

打孔

图表 4.17

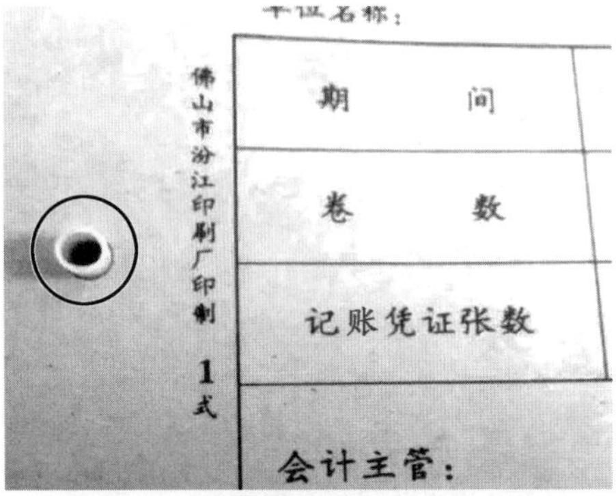

将铆管插入打好的孔内

图表 4.18

将会计凭证下压至铆管

（10）接着下压热铆手柄，当装订机发出蜂鸣声后即装订完成，如图表 4.19 所示。

图表 4.19

下压热铆手柄

（11）装订后效果如图表 4.20 所示。至此，会计凭证已装订整齐。

图表 4.20

装订后效果

4. 铆管财务装订机使用的注意事项

（1）装订物仅限于纸张。

（2）钻孔前应对装订纸张进行仔细检查，去除夹杂在纸张中的大头针、回形针、订书钉、磁卡、胶带等易损伤刀具的杂物，以免损坏刀具。

（3）装订机工作时，严禁用手触摸钻刀或将手放在钻刀或压纸板下方。钻孔时钻刀温度很高，不可用手触摸其表面，也不要触摸上、下热铆头及导向针，以免被烫伤。

（4）钻刀未钻透纸张而自动返回时，操作者应卸下钻刀，通屑、磨削钻刀或更换钻刀。如需更换钻刀，应关闭电源开关，待钻刀冷却后再拆卸、安装，以免操作者受伤。

（5）避免在已钻孔或已装订的位置上再次打孔，否则会导致堵屑。

（6）装订孔间距不能过小，否则影响装订管热压成型。

（7）如果两次打孔时间间隔较长，操作者应将钻刀通屑后再打孔，可防止堵屑。

（8）每钻孔约 50 个后，将专用胶垫转动 60°，旋转满一周后，应更换专用胶垫。注意，不可用普通胶垫或其他替代物。

（9）每次钻孔后，务必从取管口取出装订管，以免与下一次钻孔截取的装订管混淆，影响装订效果。

（10）打孔后，如果装订物底部孔内有残留纸屑，应予以清除，然后才可穿入装订管进行压铆。

（11）必须使用直装订管。当最后一段装订管长度不够时，应插入新的装订管，并卸下钻刀，再操作一次（不钻孔只截管）。取出长度适宜的装订管进行压铆。

（12）在装订 20 本左右时应把钻刀卸下来通一下纸屑，以保证钻刀的畅通，也可以延长钻刀的寿命。

（13）完成装订工作后，应关闭电源，将钻刀通屑，并及时清理机器底部的接屑盒，以免因纸屑堆积而导致机器故障。

项目 3

会计账簿的装订

任务　电算化账务处理下会计账簿的手工装订

目前，绝大部分企业都采用财务软件进行账务处理，实现了账务处理信息化。根据财政部《会计电算化工作规范》的要求，企业月末需将各类账簿打印出来，装订成册，以便会计档案的保管及税务部门查账。为了长期保存，避免装书钉生锈，常采用手工装订的方法。会计装订是每位会计人员必备的一项技能。会计人员只有熟练掌握了会计装订方法，才能更好地提高工作效率。

任务描述

会计人员应掌握电算化账务处理下会计账簿的手工装订技能。

1. 会计账簿装订前的准备

（1）需准备的工具和原料如下。

打印好的账簿、账簿封面、封底、账簿启用表、账簿目录、大头针、装订线、胶水、夹子、剪刀。

（2）需进行的准备工作如下。

① 首先查看账簿封面是否与账页相符；按账簿启用表的使用页数核对各个账户是否相符，账页数是否齐全，序号排列是否连续；然后按会计账簿封面、启用表、账户目录、按页数顺序排列的账页、装订封底的顺序进行整理。

② 首先墩齐所有账页，使每页账簿的小孔对齐；然后用与厚度对应的铁夹子

夹紧账页，固定住账簿，以便装订。

2. 会计账簿的手工装订流程

（1）一般情况下，右手拿针穿过线的一端，左手拉紧线的另一端。第一针从账簿最右边的第一个小孔开始，将大头针由下往上穿过第一个小孔，再由上往下绕过最右边，再次由下往上穿过第一个小孔，拉紧线的两端，固定住账簿的右边。第一针非常关键，可决定账簿装订所需的总线长（装订较厚的账簿时，大概需要预留账簿长度的 3 倍）。

（2）第二针从上往下穿过第二个小孔时，注意，将绕过左手的线往外拉，右手的针从外面压过左手的线往上穿。每穿过 3～4 针，都可将线拉紧一次（也可在装订完成时一次拉紧）。以此类推。

（3）装订结束时，最后一针从账簿上面绕到下面穿过，剪断另一端线，在凭证的背面打死结。用针将线的末端穿入账页内，将较长的线适当剪短。

至此，牢固、紧实、平整、美观、便于翻阅和保存的会计账簿就装订完成了。